相良敦子
Sagara Atsuko

増補新版

モンテッソーリ教育を受けた子どもたち

幼児の経験と脳

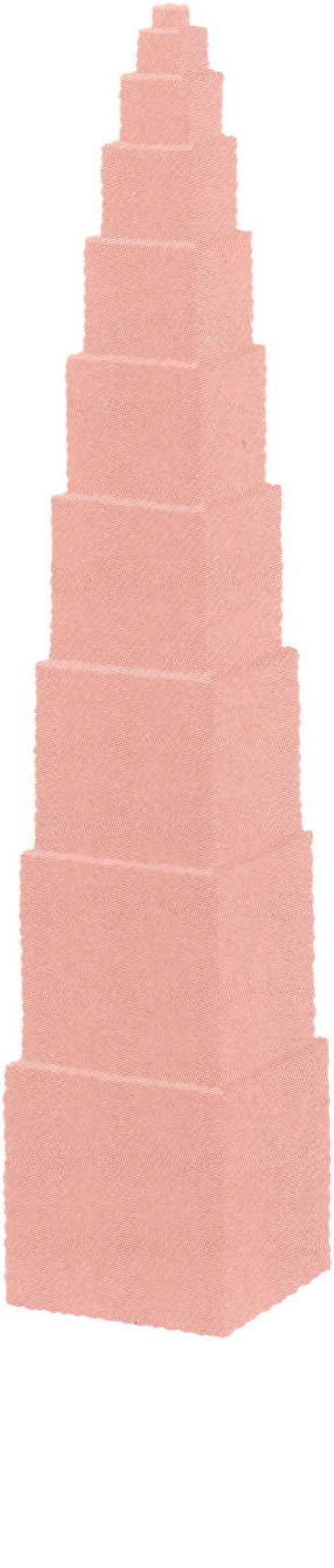

河出書房新社

はじめに

　数年前のこと、あるテレビ局の編集制作本部の方から電話をいただき、「アメリカでは、モンテッソーリ教育を受けた人で今活躍している有名人に、ビル・ゲイツ、○○、△△、××、……などがいますが、日本にはどんな有名人がいますか？」という質問を受けました。その頃私は、幼児期にモンテッソーリ教育を受けた人がその後どのようになっているかを調査していましたが、「どんな有名人になっているか」という視点で考えることは全くありませんでした。モンテッソーリ教育を受けた人たちについて語られる事実の中に人間としての美しい側面が次々に出てくるので、「人間が本来もっている美質」、「人格が育つ」とはこういうことなのかとひたすら感動していました。

　モンテッソーリ教育の真価は、「できる、できない」という基準や社会的成功を評価する教育観とは異なる次元で語られるべきだと考えていました。「世間的には目立たないけれど人間として真に大事なもの」がモンテッソーリ教育で育つのだということばかりを考えていた当時の私には、テレビ局の方からのその質問を冷静に受け止める度量に欠けていました。それで、「そういう基準で調べたことがないのでわかりません」と、そっけなく答えてしまったのです。ところが最近になって、あの質問の奥には大事なことが潜んでいたことに気づき、あの当時の自分の狭い考え方を反省するようになりました。

その理由を述べる前に、幼児期にモンテッソーリ教育を受けた人が、その後どのようになっているかを調べてみようと思いついた経緯を少し述べたいと思います。

一九九九〜二〇〇〇年頃のことです。そのきっかけは、一九九九年十二月に『幼児期には2度チャンスがある』（講談社）、二〇〇〇年四月に『お母さんの「発見」』（文藝春秋）の二冊の本を相継いで出したのですが、これらの本の最終章に、モンテッソーリ教育を受けた子どもの小学生となった姿を紹介しました。ところが、この発売直後に不思議なことが起こりました。日本各地のモンテッソーリ教育で知り合った友人や仲間たちから電話をいただいたのです。そのときのことを私は『お母さんの工夫』（文藝春秋、二〇〇四）に次のように書いています。

どなたも、「うちの子たちもあのとおりなのですよ」と、モンテッソーリ教育を受けた子どもたちが、小学校、中学校、高校へと進んでいった過程で周囲の方々から受けた評価やご自分で見ていて感じることを教えてくださいました。それを話す方々は、ご自分の個人的に抱いてきた印象が、私が拙著で紹介した姿と一致したことへの驚きや感動を伝えたかったというのです。こんな電話を日本各地からたくさん受けた私は、「これは大変なことだ。私は個人的にこんな情報を受けているし、電話をかけてくださる方々も個人的な情報だと考えている。しかし、どの方が語られることにも共通性があるではないか。では、一度、全国にいるモンテッソーリ教育を実践している仲間にたずねてみよう」と思い立ちました。そして、二〇〇一年度から情報を集め始めたのです。

モンテッソーリ教育を受けた子どもの保護者や当時の先生方、現在その子たちを教えている小中学校の先生方、モンテッソーリ教育を受けた当人など、約七百人の方々がさまざまな立場から、その後の姿を語ってくださいました。年代で見ると、四十歳代、三十歳代、大学生、高校生、中学生、小学校高学年、低学年などにわたっています。

（『お母さんの工夫』文藝春秋、三七〜三八頁）

この本には、ある基準で分析し、何らかの視点から評価を加えて紹介する段階にはいたりませんでした。七百人の方々の貴重なデータのごく一部を抽象的に要約し、紹介しただけで終わってしまいました。それから約十年が経とうとしているので、二〇〇八年末から二〇〇九年初めにかけて再び調査をし、これには約三百人の方々が協力してくださいました。

こうして約十年間をまたいで調べた延べ千人の方々のデータを読んでいるうちに、以前にテレビ局の方から受けた質問が気になりだしました。以前に調べたときには小学生だった人が、十年後の今は希望を貫いて大学に入り、ダイナミックな学生生活を謳歌しており、大学生だった人が立派な社会人になって活躍しているのです。

その後の十年間には、自分流の受験勉強で希望校に合格した話、奇抜な発想で外国へ旅立ち夢を実現している話などが山ほど出てくるではありませんか。しかも、それぞれが自分の夢を実現する過程で遭遇する困難を乗り越えるとき、ほとんどの人が幼児期のモンテッソーリ教育の経験を何らかの方法で役立てていたことがわかったのです。それまでの私は、「人間の美質」の現われにだけ注目していましたが、その美質は「世間的成功」と無縁ではないという事実に気づかされ始めました。

そこで、かつて電話をかけてくださったテレビ局の方に、あの時点では聞き流してしまったアメリカの有名人とは、どんな人だったかその名前を教えてほしいとメールをしました。その質問に対して次のような情報をいただきました。

モンテッソーリ・スクールの卒業生である有名人は世界中に数多くいる。アンネ・フランク、ワシントン・ポスト誌の経営者およびジャーナリストだったキャサリン・グレアム（Katharine Graham）、アマゾン・ドット・コムの創立者ジェフ・ベゾス（Jeff Bezos）、グーグルの共同創立者サーゲイ・ブリン（Sergey Brin）とラリー・ページ（Larry Page）、ウィキペディア創設者ジミー・ウェールズ（Jimmy Wales）。

いただいたこの情報はウィキペディアによるものですが、この他にも、誰かのウェブでこの問題が扱われており、その中に（グーグル、アマゾン、ウィキペディアの創立者に共通なことは、なーに？）という一文がカッコつきで書かれています。カッコの中の「共通なことは、なーに？」という問いかけに私は注目します。本書はまさに「共通性」を問うことを切り口とするからです。

クリントン夫妻も初期のモンテッソーリ教育を受けた人たちだと書かれていますし、オバマ大統領もモンテッソーリ教育を受けたと聞きました。

幼児期にモンテッソーリ教育を受けた有名人に私が関心をもつのは、決して社会的成功やそれを可能にする能力を重視するからではありません。もっと根本的に人間としての良い在り方、生き方を支える力がその根底にあり、その力のおかげで有名人になるほどの仕事ができたのでしょう。その根底にある力を見極めたいのです。

幼児期に「モンテッソーリ教育」で経験したことが生涯に影響するのなら、一体何が子どもの中で起こったのか。モンテッソーリ教育のどんな経験がよかったのか。その経験をしていたとき、子どもの脳の中で何が起こっていたのか、私はそのことを脳科学者にたずねたいと思いました。なぜ、脳科学者にたずねたいと思ったか、その理由から本論に入っていきたいと思います。本書のサブタイトルを「幼児の経験と脳」とした理由がそこにあるからです。

増補新版
モンテッソーリ教育を受けた子どもたち
——幼児の経験と脳　目次

はじめに　1

第一章　モンテッソーリ教育を受けた子どもたちの例をみましょう。　13

一、モンテッソーリ教育を受けた子どもたちには、共通した特徴があります。　14

1. 調査で浮かび上がった共通性　14

二、どんな共通項があるか、それぞれの声　25

1.「本人」が語るモンテッソーリ教育の影響　25
2.「母親」が語るわが子の成長　46
3.「教師」からの報告　64

第二章

「生涯にわたる人格形成の基礎」って何ですか？

71
一、「どうしたら、そんな子が育つのですか？」と訊かれる母親たち　73
二、「卒業までに正常化する」ことを願い努力する先生たち　78
1.「逸脱した状態」と「本来の姿」　78
2.幼児期の「正常化」って何ですか？　84
三、正常化への道　88
1.幼児前期（〇〜三歳）の正常化への歩み　88
2.幼児後期（三〜六歳）の正常化への道筋　95
四、今も、「正常化への道」を歩んだあの生き方です。　102
五、自立と自律が土台にあるから大きく羽ばたける！　108

第三章 モンテッソーリ教育のどの経験が脳に効いたのですか？ 115

一、「前頭連合野の働き」に合致したのです。 116
1．幼児教育と脳 116
2．それって前頭連合野の働き？ 121
二、「提示」という教え方が脳に効いたようです。 129
1．「して見せる」という「提示」が決定的な影響を与えたようです。 129
2．「提示」を受けているとき、脳の中で何が起こっていたのですか？ 141
三、「活動のサイクル」を経るとき、脳の中で変化が起こります。 154
1．「お仕事」をして変わるのは、脳の中で何が起こったからでしょうか。 154
2．「できた！」と嬉しそうな顔をするのは、脳内物質の分泌と関係があります。 159
3．「良い状態に変わった！」のは、神経細胞のつながり方が変わったからです。 162

第四章　誰もが取り入れられるモンテッソーリ教育のエッセンス　167

一、「共通性」と「個性」は、コインの裏表のようです。　168
1．プロフェッショナルたちの共通項　169
2．「共通性」と脳の中で起こっていること　171

二、「人をほめる」という共通性と「自分らしく生きる」という個性があります。　176
1．「人をほめる」という共通性があります。　176
2．共通した長所を土台として「自分らしく」生きています。　180

三、モンテッソーリ教育の子どもの見方・たすけ方　185
1．「誰にでもできること」と「専門的な養成が必要なこと」があります。　185
2．「子どもの脳に有効な経験」をモンテッソーリ教育の成果から学びましょう。　190

あとがき　205

増補新版にあたって　211

増補新版
モンテッソーリ教育を受けた子どもたち

——幼児の経験と脳

カバーイラスト◆野田あい
本文イラスト◆大森巳加
ブックデザイン◆大野リサ

第一章

モンテッソーリ教育を受けた子どもたちの例をみましょう。

一、モンテッソーリ教育を受けた子どもたちには、共通した特徴があります。

1. 調査で浮かび上がった共通性

一九八五年に私が書いた『ママ、ひとりでするのを手伝ってね！』（講談社）という本の中で、モンテッソーリ教育を受けた子どもたちに共通する特徴を次の十項目にまとめています。

- 順序立てて、ものを考えることができる。
- なにをするにも、計画を立て、順序を踏んで、着実に実行する。
- 段どりがよい。
- 先を見とおすことができる。
- 一から出発する。

・省略しない。
・状況の読みとりが速く、臨機応変に対処することができる。
・わずかな差異に気づき、道徳性が高い。
・ひとりで、たじろがない。責任ある行動ができる。
・礼儀正しい。

この特徴は、幼児期にモンテッソーリ教育を受けた子どもを見ていて実感することを語る母親や教師たちから聞いたことをまとめたものでした。

ところが、これを書いて十年ほど経った頃、脳科学の知識が急激に増えてきて、一般人にわかるように語られるようになり、特に前頭葉の働きが注目される時代となりました。一九八〇年代までは、脳の右か左か（つまり右脳、左脳）ということがしきりに話題になったのですが、一九九〇年代になると話題は脳の前か後ろかへと変わりました。

特に前頭葉の働きへの注目が高まってきたのです。脳科学について素人の私には、前頭葉の働きについて書かれた記事が、モンテッソーリ教育を受けた子どもたちの特徴と合致するのが興味深くて、「モンテッソーリ教育は前頭葉を育てるのかしら？」と素朴な疑問をもっていました。

折しも、日本モンテッソーリ協会（学会）全国大会でのシンポジウム（二〇〇一年八月）で、脳科学者にそのことを質問する機会があったので、たずねてみたことがあります。それは次のようなことでした。

そのシンポジウムでの脳科学者の話は、脳の前頭連合野（前頭葉の前半部）は「自己意識、自己制御」をつかさどる座であり、また目的に向かって現在の自分をコントロールする「目的志向性」という重要な機能ももっているから、前頭連合野を使うということは、自分の行動をコントロールし、まわりの人に気を配り、集中して考え、未来を見通し、好奇心を発揮することである。前頭連合野こそがヒトを人間たらしめる脳領域であることは間違いないし、逆に、前頭連合野の働きが「人間らしさ」をつくるともいえる、というものでした。

この話に対して私は、こんな質問をしました。

「前頭連合野が欠損したり働かない状態は、解剖学的に検証できると思いますが、前頭連合野が育ったという状態は、どうやって検証できるのでしょうか？」

この質問に対して、実験によって検証しているという答えが出てきたので、私はさらにたずねました。

「実験によってどう検証するかということではなくて、教育によって前頭葉が育ったということを本当に検証できるかをうかがいたいのですが」と。そのとき私が知りたかったのは、検証の可能性やその方法ではなくて、一九八五年の拙著に書いたモンテッソーリ教育を受けた子どもたちの特徴は、脳科学者が前頭連合野の働きと言っているものと合致するので、この事実から推して「前頭連合野が育っている」と言い得るかどうかを知りたかったのです。私は、前述している十項目を挙げて、このように育っている子どもは前頭葉が育っていると言えるのでしょうか？　とさらにたずねました。その問いに対して脳科学者は「全く、そのとおりです。そんなことですよ。前頭葉の働きとは！」というものでした。

そのときのことは『お母さんの工夫』（文藝春秋）の三〇～三四頁に書いています。

その頃から、幼児期にモンテッソーリ教育を受けた人の生き方や考え方に共通する特徴がますますよく見えるようになっていきました。その共通性の奥には脳科学で説明できる根拠があるのだろうか、という疑問はますます大きくなっています。

昨今の「脳トレ」ブームを無批判に受容したり過度に礼賛することには問題があります。それよりも今は現場における教育実践からのエビデンス（証拠）を脳科学者に提示していくことが大事でしょう。本書は、モンテッソーリ教育の現場で実現しているエビデンスを脳科学者に提示するための書でもあるわけです。

一九九九年一二月〜二〇〇〇年四月に出版した二冊の拙著の最終章に、モンテッソーリ教育を受けた子どもが小学校に上がってからの姿を書いたことがきっかけで、全国的に調査をしてみることになったことを「はじめに」に書きました。延べ七百人の子どもの姿を書いていただいたにもかかわらず、分析の方法と解釈の視点に自信がもてず、その時点では結局まとまったものを書くことはできませんでした。

しかし、幼児期にモンテッソーリ教育を受けて様々な年代になった方々の姿を書いたものを読んでいると、繰り返し、繰り返し、出てくる同じ表現や似通った場面があり、まさに「鳥肌が立つ」思いをしました。それを、「人格」に関するもの、「生活」面、「人間関係」に関わるもの、「仕事」に関するもの、「学習や能力」に関するもの、などに分けて要約すると次のようなことです。

1．人格面

・自分で判断し、自分の責任で行動する。
・自分の考えをもっていて、他人の考えや意見に流されない。
・善悪の判断がきちんとできる。
・自分で決めたことは最後までやり遂げる。集中して乗り越える。
・何でも意欲的、積極的、前向き。
・目標を立てて努力する。
・計画を立てて行動する。

2．生活面

・生活のリズムを規則正しく実行する。
・時間を効率よく使う。
・挨拶がきちんとできる。礼儀正しい。
・準備、段取り、片付け、など仕事の手順がよい。
・掃除、特にトイレ掃除など人が嫌がることを進んで、しかも黙ってする。

3．人間関係面

- 人の話をしっかり聞く。注意深く見る。
- 他人の立場を考える。思いやりがある。
- 小さい子、障害をもっている人、高齢者、弱い立場の人を大切にする。
- 積極的に友だちをつくる。様々の領域でたくさんの友人をもっている。
- ユーモアがある。人を楽しませるのが好き。
- 共同の活動では、誰とでも協力し合う。友だちと群れて行動しない。一人でも平気。
- 友だちの間違ったことに対しては、きちんと注意できる。
- 注意されると、素直に受け入れる。自分の間違いを率直に認めて出直す。
- 人のことを肯定的に考える。人の長所を見つけてほめる。人の成功を喜ぶ。
- 人を責めない。友人間のゴタゴタやいじめにくじけない。

4．学習・能力面

- 授業中によく聴く。集中して聴くので、その時間に理解する。
- 自分で興味をもったものに意欲的に取り組む。
- 漢字や文字の「とめる」「はねる」など細かなところを注意深く見て、意識して書く。

・解決能力がある。「どうしたらよいか」解決する方法を落ち着いて考える。
・説明書を読んで、自分で考えて作り上げる。
・文章を書くのが好き。手紙を書いて、感謝や慰めや励ましを伝える。
・本が好き。読むのが速い。読書量が多い。
・頭が整理されている。数学的センスがある。数学が好き。
・先生の指導を的確につかみ、指示に沿って正確に実行する。理解と習得が速い。
・スポーツが得意。運動競技で上位を取る人が多い。

5. その他で共通していること

・小学校高学年頃から自立が目立ってくる。
・先生方から「頼りになる」「この子がいると助かる」とあてにされる。
・好きな稽古事やクラブ活動と受験勉強などを両立させて頑張る。
・中・高・大学・就職などの進路は自分で決め、その実現のための取り組みも考える。
・自分がやりたいことがはっきりしている。将来の仕事への夢がある。
・海外へ行くことを自分で決め、自分で段取りをし、一人で旅立つ。
・外国でもたくさんの友人をつくり、のびのびと生活している。

以上に挙げたことは、繰り返し出てくる言葉や場面から、そこに共通の特徴があると認め、要約したものであって、誰もがこのような側面を全てもっているというのではありません。

それにしても、ここに列挙されたことを読んで、「都合のよいことばかりピックアップして書いた理想論ではないか」と思う人も多いでしょう。ところが、これらには、大きくなった子どもたちと一緒に生活している方々の実感から織り出された言葉としての多様さと美しさがあります。机上で理想論を書くと、このような具体性のある美しさは出てこないはずです。先に、「人間の美質」という言葉を使いましたが、人間には子どものときからこんな美しい性質が備わっているのだということが、子どもたちの実際の言動を見ながらわかるのです。

イタリアの幼児教育者・医学博士のマリア・モンテッソーリ（一八七〇〜一九五二年）は、まず高邁な理想や確かな原理を組み立てて、それに基づいて具体的な教育方法を編み出したのではありません。子どもが自ら現わすものをよく観察し、「なぜ、そんなことをするの？」という疑問をもち、その奥底にあった生理学的根拠を知るに至りました。その次の段階として、確認された根拠に基づいて方法を編み出していったのです。本書でも、その手順を取ります。

①まず、モンテッソーリ教育を受けた子どもたちに共通した特徴を取り出します。

②次に、「どうしてこんな側面が現われるのだろう?」という疑問を出し、その疑問を脳科学者に向かって問いかけます。つまり、次のような問い方です。

「子どもがこのようになるのは、脳の中でどんなことが起こっていると考えられますか?」というものです。

③さらに、「モンテッソーリ教育の現場で、子どもたちが毎日こんな経験を積み重ねていたことが、その後のこのような行動に結びついたと考えてもよいでしょうか?」「モンテッソーリ教育方法で、教師がこういう教え方をすることが、その人のこういう学び方や考え方に結びついていると考えてもよいでしょうか?」という具合に、具体的にモンテッソーリ教育の方法と内容に沿ってたずねます。

本書は、昨今の脳科学ブームに乗った教育論が、「脳がこうだから」→「こうすれば」

↓「こうなりますよ！」といった類のものではありません。むしろ、その逆のやり方です。日本にモンテッソーリ教育がリバイバルした一九六〇年代から脈々と実践を積み重ね、小学校に送り出してきた子どもたちが、小・中・高・大学生そして社会人になり、現わしている姿を知ることによって、幼児期の教育の何がよいのか、なぜなのか、を明らかにしようとするものなのです。

次に、モンテッソーリ教育を受けた本人やその親や教師が語る具体的な内容を紹介しましょう。

二、どんな共通項があるか、それぞれの声

1．「本人」が語るモンテッソーリ教育の影響

幼児期にモンテッソーリ教育を受けた人が、その影響が自分の性格や生き方にどのように及んでいるかを語るのは大変難しいことのようです。それを語ってくれた方々は共通して、「自分には当たり前で普通のことなので、どれがモンテッソーリ教育の影響かわからない」とまず前置きをします。

ところが、第三者が聞くと、語られることに不思議なほどの共通項があるのです。彼らが「自分には当たり前で普通のことだ」と言うのは、脳科学の知見からすれば当然でしょう。人間の脳の発達の仕組みをみると、脳は生後から八歳頃までに成人の九〇％以上まで急速に発達するそうです。脳の神経回路には可塑性と言って生涯にわたって成長し得る性質もありますが、八歳頃までは脳内の神経回路は急速に発達して、どんどん複雑になり、

その複雑さは幼児期が終わる頃まで一定し、八歳頃までそれを保ちます。そして八歳を過ぎると神経回路は急に減少し、思春期頃には大人なみになるそうです。生涯を通じて形成される「体験依存型可塑性」に対し、「体験予期型可塑性」という人生の早期に自然に発生するシナプス形成が生涯の基礎になるのです。

このような脳内の発達の仕組みからみると、幼児期の経験によって形成されたものは、当人にとっては「当たり前」のことに思えるのは当然です。

ところが、当人は「当たり前で普通のこと。どこまでがモンテッソーリ教育の影響かわからない」と前置きしつつ述べてくれたことには質的な共通性があるのです。例えば、次のようなことです。

- 他の人は悪戦苦闘しているが、自分はそんなに苦労しないことがある。
- 状況を見て、どうすればよいか自然に考えが湧いてくる。それが不思議。
- 自分で選び、自分で決め、自分の責任で行動する。
- 目標に向かって頑張る。
- いろいろなこと（勉強と部活、仕事と趣味やボランティア等）を両立させる。

• 生活が充実している。
• 様々なことに関心をもち、多岐にわたって友人がいる。
• 手を使いながら考えることが好き。
• 集中して取り組む。乗り越える。
• 周囲の人や状況に感謝している。
• 学ぶとき・教えるとき、要素を分析し、分析したものを順序立てる。
• 目標までの見通しをもち、わかったことを確認して次に進む。段階を踏む。

次に、モンテッソーリ教育を受けた二人の大学生と二人の社会人の言葉を紹介します。

1 頭の中で道筋を立てて考えます。

高橋恵生（大学生）

私は現在二十一歳で、東京の大学に通っています。（著者の註　彼女は東大生です）……私はY・K幼稚園で三年間過ごし、十五年前に卒園しました。……私の個人的な経験がどこまでモンテッソーリ教育のいい影響なのかは定かではありません。……普段何気なく見過ごしてきたことを振り返り、大きく三つに分けて話してみます。

〔1．学校の勉強について〕

小学校のとき、先生が「このサイコロの展開図を描いてみましょう」と言われ、周りの友だちの多くは悪戦苦闘していましたが、私はそんなに苦労しなかった覚えがあります。頭の中で自然にサイコロを展開していくことができたのです。これは、小さい頃に幼稚園で牛乳パックなどをハサミを使って自分の手で切り開くことによって培われた感覚なのではないかと思っています。頭の中で立体を動かすことができるこの感覚は今でも変わりません。（著者の註　これは「幾何立体」「2項式」「3項式」というモンテッソーリ教具の影響でしょう）

……手を動かしながらじっくり考えることが好きで、また一つの答えを導き出せたときに得られる喜びや達成感は特別です。……私の中で、数学・算数というものはただ公式を暗記して数字をあてはめられるかという科目ではありません。公式の仕組みが解った上で答えを導き出せるからこそ面白い教科なのだと思っています。

中学・高校と一番成績が良かった教科は英語です。……私は英語（語学）と数学の勉強は一見文系科目と理系科目で対照的ですが、とてもよく似た教科だと思います。確かに英語は単語や基本的な文法を憶える努力が必要です。しかし、その基礎さえ踏み固めてしまえれば、あとは数学の公式に数字をあてはめるようなものではないでしょうか。どうやら数学（算数）・英語が好きな私は、頭の中で自分の理解に基づいたある程度の道筋を立てて物事を考えることが他の人より一歩前に出ているような気がします。

〔2. 教え方について〕

小さい頃から人にものを教えるのが得意です。小さい頃は毎日、弟や近所の年下の子たちの面倒を見ながら、色んなことや遊びを教えていました。私の場合、人に何かを教えるとき、まず自分の中で教えることのある程度の論理的な段階が出来上がった上で、人に説明しているつもりです。ちょっと言い方がおかしいかもしれませんが、あらかじめ自分の頭の中にプロトコル（原案）を作成して、そのまま順に口に出しているという感じです。……また、長期間にわたって一つのことを教えるときには、段階を踏んでできていけるようになれば大丈夫とある程度目処をつけ、一気には教えないようにしています（例：十日間で微分積分を理解するなら四日目はだいたいこの辺りまでできればOKなど）。これは成長してから身についた姿勢ではなく、幼稚園時代からのようです。……（モンテッソーリ教育の）幼稚園で五歳の子が三歳の子のお世話をすること、同じ教室に三歳児・四歳児・五歳児が一緒に生活することで、下の子のお世話をすることが自然にできるようになっているような気がします。下の子の面倒が見られるということは、小さいながらにまず五歳児と三歳児では体の大きさも違えば、考えていることも違うといった立場の違いの認識というものが求められるのではないかなぁと今になってからですが、私はそう思います。また教えるときの私の姿勢について先にも述べたことですが、頭の中で物事の筋道を立てて考えることが好きなようです。

〔3．集中について〕

モンテッソーリ教育の幼稚園では黙って「お仕事」をすることが日課となっています。私は幼稚園時代、朝から黙ってお仕事をする時間がとても好きで、母が誰よりも早く幼稚園に送ってくれていました。今でも黙って長時間ジグソーパズルをしたり、絵を描いたり、編み物をしたりすることがよくあります。そのときの集中力はかなりすごく、気づいたらこんな時間に……ということや、逆にまだ一時間しか経っていないのに終わっちゃったということもしばしばです。このことはテストの勉強についても同じで、やり始めるまではグダグダして時間がかかってしまうこともありますが、集中してやり始めたら自分でもびっくりするほど頭の中に記憶されていたりします。この集中力はやはり幼稚園のときに得られたものだろうなぁ～と私は思い、感謝しています。どうせやるなら一時間だらだらやるのではなく、十分間で集中してやってしまい、残りの時間遊んだほうが絶対いいと思います。性格的に勉強も遊びも中途半端になってしまうのが嫌なので、勉強に集中するときは徹底的に集中し、遊ぶときは集中して思いっきり遊ぶようにしています。高校時代にはいかにも受験生らしく体育の時間に単語帳を手に授業に臨んでいる友人もいましたが、私にはそれが信じられませんでした。単語帳をもっているという安心感が得られるだけで、勉強は進まないと思っていました。それなら体育の授業で思いっきり体を動かして気分転換をし、集中して十分間で単語を憶えてしまうほうが効率がいいと思います。

前述のことは、「モンテッソーリ教育を受けた子どもたち」という研修会をしたときに、「本人」の立場から語ってくれたことの抜粋です。この研修会では、「本人」「保護者」「教師」の立場からの報告がありました。そして最後に私がそこに共通する特徴を取り出し、その根拠と意味を話したのですが、それは幼児期にモンテッソーリ教育を受けたことがその後の人生に及ぼす影響を様々の角度から考えさせられる機会でした。この研修会で語ってくれた高橋恵生さんは、普段何気なく見過ごしてきたことの中にも幼児期に受けたモンテッソーリ教育の影響があることにあらためて気づくようになったと、後日次のようなメールを送ってくれました。

私は典型的なモンテッソーリ教育を受けた子なんだなーと思います。小学校低学年はおとなしく、意見をちゃんともっていても自分から手を挙げて発言することはなかったです。確かに四年生くらいからきちんと発言もするようになり、クラスでは学級委員もやった気がします。中学校では生徒会で副会長もしました。自分からではなく先生から声がかかりました（笑）。大学でも最初は目立たないいんですが、少し時間が経ち、みんなが仲良くなった後はなぜか色んな仕事が回ってきます。

いろいろ思い出そうとするんですが、やっぱりわからないんですよね（笑）。でも、最近気づいたことについてちょっとご報告させていただきます。

・デパートのバイトで手荷物の多いお客さんの荷物を一つの紙袋にまとめるのがうまいねーって褒められたことがあります。私にとってはちょっとしたパズルみたいなものです。それぞれの荷物の色んな形、固さなどを適宜判断して組み合わせていきます。

・部屋の片付けが速いです。寮で毎年部屋替えがあってちょっとした引越しをするのですが、私はだいたい三時間くらいで終わります。服やカバン、布団、本、日用品など実際すべて移動させるので結構たいへんです。他の子は丸一日かかることが多く、遅い子は二〜三日かかります。私は自然とどうやって動けば一番効率がいいかを考えて選択しているようです。

・同時に複数のことをするのもわりと平気です。例えば、寮の炊事場でお菓子づくりをやっていて……焼いている間に洗濯とレポートの資料のコピーをして……などです。

（高橋恵生）

本人が書いてくれたこの特徴は、たくさんの保護者の方がわが子の特徴として報告してくださったことに合致します。例えば、「旅行に行くときカバンへの詰め方は親よりもうまく、無駄なくわかりやすく、キチンと詰めてくれる」とか、「小学校に入ってすぐはおとなしく意見はもっていても自分から発言しない。四年生頃から頭角を現わし、リーダーや調整役をするようになる」とか、「勉強と好きな稽古事を両立させる」など、保護者の方の報告に頻繁に出てくることです。

2 計画を立て目標を達成しようと努力します。

木村真実（大学生）

私は、現在、大学三年生。幼児期にはY・K幼稚園に通い、モンテッソーリ教育を受けました。今でも幼稚園の記憶がうっすらとですが、私の中に残っています。

〈1．幼稚園時代の「おしごと」と今の得意〉

幼稚園に通っていた三年間で、私はたくさんの「おしごと」をしてきました。中でも私は「いろみず」と「ビーズ」が大好きでした。「いろみず」とは、赤・青・黄色の色水を混ぜて様々な色水を作っていくというものです。混ぜると色が変わることや、きれいな色を作ることがとても楽しかったです。今、私は美術が大好きです。絵を描くことも好きですが、色を塗ることも好きです。絵の具を使うとき、どの色とどの色を混ぜれば求める色ができるのかが、なんとなく頭に浮かんできます。はじめはなぜ頭に浮かんでくるのか、自分でもよくわかりませんでした。友だちから「どうしてわかるの？」と聞かれても、まるで体験したかのように頭に浮かぶのです。とても不思議でした。

「ビーズ」とは、数のビーズを使って足し算などをしていく「おしごと」です。私はこの数のビーズを通して、足し算や掛け算の意味を知りました。何が楽しかったのかは憶えていないのですが、私はこの「おしごと」が好きでほとんど毎日していました。私は美術と同様に数学が好きです。特に応用問題を解くのが好きです。型にはまった解き方だけでなく、自分で答えを導き出すことが楽しいです。もともと自分が美術好きな性格であったり、理系の人間だったりするのかもしれません。しかし、少なくとも今の自分の好きなことは、幼児期にお気に入りだった「おしごと」が影響していると思います。他にも定かではありませんが、幼児期のモンテッソーリ教育が影響しているのではないか？　という部分が自分の性格の中にたくさんあります。

まず第一に「想像力」は特徴的かと思います。この場合の想像力とは、「目の前の知覚に与えられていない物事のイメージを心に浮かべる心的能力」という意味ではなく、指示が何もないときや何か問題に直面したときに「今、どうすればよいか」「今、何をすべきか」が考えられる力、また「こうしたらこうなるだろう」ということを想像することができる力、つまり「実際に経験していないことを、こうではないかと推し量る能力」という意味です。一つの例を挙げて説明してみます。

高校三年生のとき、体育祭で山車というおみこしのようなものを作ることになりました。私はそれを作る係りになっていなかったのですが、友人を手伝うために山車を作りに行きました。私たちの山車には千羽鶴をつるすことになっていたので、学年全員で鶴を折り、それを集めて千羽鶴を作ることにしていました。友人を手伝いに作業場に行ってみると、みんなから回収した様々な色の折り鶴がごちゃ混ぜにビニール袋に詰められた状態で放置されていました。みんなはその状態からどのように作業を進めたらよいかわからなかったようです。私はなんとなく「こうしたらいいんじゃないかな?」という考えが頭に浮かんだので、実行することにしました。まず、ビニール袋に詰めたままの折り鶴を全部色別に箱に分けました。そして、グラデーションになるように箱を並べ替え、千羽鶴をつなぐのに必要な針・糸・ボタンを買ってきてもらいました。それから、何人かのグループに分かれて折り鶴に糸を通してもらうように指示しました。すると作業がどんどんはかどっていきました。みんなからは「まみちゃんがいると作業が速く進むから、毎日手伝いにきてね！」と言われました。こういう経験はこの出来事だけでなく今まで何回もありました。私としては状況を見てどうすればよいか思いつくままに言っただけです。しかしそれで作業がどんどん進み、出来上がっていったのは、私にとって嬉しくもあり、また不思議でもありました。

〔2. 自分の意志を貫く〕

私は自分が「自分の意志を貫く人」であると思います。私は高校を受験するとき、どうしても入学したい高校がありました。……先生たちは私がその高校を受験するのを反対しました。……それでもどうしてもその高校に入学したいという思いは変わりませんでした。……結果は不合格でもいいから挑戦してみたかったのです。その結果、私は希望の県立高校に入学し、とても充実した高校生活を送ることができました。……大学受験では、難関国立大学に挑戦しましたが、それは高校受験のように甘いものではありませんでした。志望校を受験することはできましたが、結果は残念ながら不合格でした。でも私はこの結果に後悔はしていません。あのとき自分の意志を貫かず妥協していたほうが後悔したと思います。これは私が他の人から決められた道よりも、自分で選んだ道を進みたいと思っているからです。たとえ選ぼうとしている道が苦しい道であるとわかっていても、私は意志を貫くために努力を惜しみません。自分ができる限りの努力をして、目標を達成しようとします。

---

3. 計画を立てて行動する

そんな私には今、やりたいことがたくさんあります。勉強、吹奏楽、アルバイト、ボランティア、ピアノ、友だちとの遊び。○○大学に入学して一日24時間では足りないくらいやりたいことが増えました。私は一日の間に少しでも多くのことをしたいと思っているので、一日のスケジュールを頭の中で細かく立てます。先日の土曜日の午後のスケジュールを例に挙げると、「14時〜16時半までアルバイトの研修。その次はクラリネットのレッスンだけど、だいたい30分ほどで移動できるから、17時〜18時までレッスンを入れよう。その後はピアノ。場所が近いから18時半〜19時半がいいな。

帰りのバスまで20分ほど時間があるはずだから、それまで買い物をしようかな……」という感じでした。電車やバスの時間の乗り継ぎや移動時間も考え、少しでも空いた時間があれば有効活用します。……このように自分のしたいことを自ら選択してこなしたり、細かく計画を立てて行動したりするのも、モンテッソーリ教育の影響かなぁと思います。……

自分では自然だと思っていることを、改めて見直して述べるのはとても難しいです。自分ではモンテッソーリ教育で培ったことや経験したことが、当たり前で普通のことになっているからです。

3 私の人生……素敵な歩みだと思っています。

下山範恵（社会人）

私が幼稚園でモンテッソーリ教育を受けてから、早二十年が過ぎました。……私の人生なので、私としては素敵な歩みだと思っておりますが、決して立派な人生ではないし、華やかな人生でもありません。……

小学校高学年頃から、クラス委員・クラブの部長を引き受け、児童会長まで務めました。小学校中学年までは、人見知りで、恥ずかしがりや、消極的で引っ込み思案だった私によくこんな大役が務まったなと今思えば不思議な話です。また、小学校四年生から六年生まで音楽系のクラブに所属し、ハンドベル活動も行っていたため、老人ホームや養護施設などへもボランティア訪問させていただいていました。……

高校二年生では、ハンドベル愛好会の学園祭参加までの交渉をしたり、クラス委員・掲示係・評議会委員を務め、秋からは生徒会役員である評議会副議長、専用バス友の会役員を務めました。様々な役職に就き忙しい日々でしたが、仲間たちと協力し合い、達成感の連続で、辛いことも最後には喜びに変えられました。中途半端が嫌いで全力疾走の毎日でしたが、とても充実していて、忙しかったからこそ、仕事も勉強も毎日の生活も頑張ることができたのだと思います。……

幼少期にモンテッソーリ教育で学んだからこそ、今の人生があると思っています。もちろんその他の環境・人間関係にも要因はたくさんあると思いますが、やはり、人格形成に関わる一番大切な時期に、基礎基本をしっかり教えていただき、生きる喜びを知り、頑張る力を身につけ、人と生きる知恵をいただき、自分を大切に、人を大切に、物を大切に、自然を大切に、いろいろな物を愛する心を培い、育むことができたからだと思います。

- 生きることが喜びです。
- プラス思考で頑張ることができます。
- 自分の良さをたくさん知っています。
- ヒトの良いところを見つけることが得意です。子どもからお年寄りまで、ヒトを尊敬しています。これは縦割り保育の中で培われた関係が影響していると思います。
- 誰かのために頑張ることができます。
- 自分の間違いは素直に謝ります。
- 相手の話に耳を傾けます。違う意見でも折り合いをつけ、お互いの意見を尊重しながらもっと良い意見を生み出します。
- 集団の中でも自分の意見を言うことができます。
- 分析することが大好きで、常に問題意識をもっています。
- 努力することが大好きで、その先にある達成感や満足感を得られたとき、自分だけでなく周りの人と分かち合うことができます。
- 表現することも大好きです。言葉遊びや、詩を書いたり、手紙を書いたりすることも好きです。言葉遣いも丁寧だと思います。
・数字も大好きです。運転中にすれ違う車のナンバープレートで数遊びもします。
・少し苦手なこともあります。頑張りすぎてしまうことです。……自分さえ頑張れば、と独りよがりになってしまい、後継者を育成することは苦手なこともあります。
……

モンテッソーリ教育で育てていただいてから、様々な経験を自分のものにし、常に学ぶ姿勢をもっています。命を受け、生きる責任を全うしようとしています。人と関わること、毎日学べることが生きる原動力となっているのです。

4 モンテッソーリ・チャイルドには特徴があります。

佐藤真澄（社会人）

私がS幼稚園を卒園して二十年以上が経ちました。高校時代に、幼児教育の仕事に就きたいと考えたとき、私は初めて自分が幼児期に受けた教育がモンテッソーリ教育だと知ったのです。（略）
自分では特徴として自覚していない部分もあるため、周りから言われて気づくモン

テッソーリ・チャイルドと思われる特徴がたくさんあります。（略）
私は、父の転勤の都合で小学校高学年を関東の公立小学校で過ごしました。それまでは、併設の小学校で過ごしたため、幼稚園から共に上がったクラスメイトが多く、モンテッソーリ・チャイルドの特徴はクラスの半分以上の友だちに共通することだったのでしょう。それが特徴であったとしても、当たり前と思ってきたことが、公立小学校では大きく異なっていたことに驚いた経験があります。モンテッソーリ教育を受けた子どもたちには計画性や先を見通す力が養われているとよく言われますが、私もそうだったのか、短い休み時間でも、次の授業の準備を机上に重ねてから遊ぶことが身についていました。帰宅後も、必ず次の日の準備をしてから、自由の時間を過ごしていました。公立小学校で、次の授業の準備をしないうちに休み時間の遊びに誘われ、お節介ながら友人の次の授業の準備を心配したことがありました。……
生活の中でよく感じることとして、物を壊すことや、失くすことが少なく、大切に扱うことができるという特徴が挙げられると思います。小さな物でお恥ずかしい話ですが、小学校一年生のときに初めて購入したカッターを、大事にペンケースに入れて使用していました。歯を取り替え、ペンケースを替える度にカッターも移され、気がつくと社会人になっても私のペンケースに入っていたことに驚きました。我が家にはモンテッソーリ教育で育った弟もおり、壊れる物が少ないため、年季の入った物が数多くあるように思います。……

手を動かすことも厭わないということを母に言われ、気づかされたことがあります。幼少期から、オリジナルなアイデアでいろいろな物を作り、必要な物がない場合は、別の物で代用して作ってしまうこともありました。作る以外にも、すぐにペンを持ち、何でもメモをとることや記録、リストを書き出すことは特徴だと思います。どんなことでも、書き出すことによって落ち着くことができるので、選択肢がありすぎて迷うときなどは、気がつくとペンを持ち紙に向かい、混乱した状況を書いて整理しています。これは意識しているわけではなく、自然と手が動いているのです。……

いくつか特徴となることを挙げてみましたが、元々備わっていた気質なのか、それともモンテッソーリ教育で育ったものなのか分からないところもあります。ただ自信をもって言えることは、この教育で育ってよかったということです。特に生活に必要なことは乗り越えられる経験と力を育てていただきました。困難に直面したときには

――それを努力して乗り越える精神力も育てていただけたからだと感じています。

ここに紹介した「本人の語り」で基本的に共通していることを、二つに要約します。

A. 自分にとっては当たり前のことなので、モンテッソーリ教育の影響があるのかわからない。

B. 充実した生活をしている（考え方や行動の仕方の根底にあるものが生きる術となっていて生活を充実させている）。自己認識ができる。自己を正しく評価できる。

では、このように生きている自分の子どもを親は傍で見ながら、どのように感じてきたのでしょうか。次に保護者の立場からの「語り」を見てみましょう。

2.「母親」が語るわが子の成長

「幼児期にモンテッソーリ教育を受けた子どもたちは、その後どのように成長していますか?」という単純な質問を、長年にわたって現場でモンテッソーリ教育を実践し、たくさんの卒園生たちを送り出してきた園長先生方にたずねたのに対し、園長先生方が卒園していった子どもの保護者の方々にたずねてくださいました。その質問を受けた卒園生の保護者たちは、幼児期にわが子を大切に育ててくださった幼稚園への深い感謝をこめていろいろなエピソードや周囲の評価など細やかに書いて答えてくださったのです。ですから、ここに私が使わせていただくデータは、園長先生や先生方との間に築き上げられた信頼関係があってこそ語られた内容です。懐かしさや感謝の気持ちから、近況報告もかねて具体的な状況と共に綴られているので、途中を省略しつつ、特に注目したい部分だけを紹介します。

1 自分で考える力をもち、いつも前向きです。

十二年前にY幼稚園を卒園した息子は、今年の春、順調にいけば大学生になるはずでしたが、現在、浪人中です。お世辞にも優秀だとは言えない息子ですが、子育ては、楽だったのかもしれません。と言うより年々楽になっていったと言う方が正しいかもしれません。（略）

幼児期に幼稚園で育ててもらった、

①自分で選び、取り掛かること
②コツコツと最後まで全力でやり続けること
③結果より過程を重んじ、達成感を感じることができること
④失敗だと分かると自分で訂正し、再び目標をもって始めること

どんなことでも、どの時代にも、この四点が息子の生活サイクルだったと思います。

〔幼稚園の頃〕

つぼみ教室に入室したもののわが子は、同じグループのお子さんたちとは全く違っ

ていました。先生のお話を聞くことも理解することも難しく、ただ、ただ、興味のあるものを物色していくだけ……毎回、毎回、その繰り返し。そして、あるとき〝はさみ〟との出会いがありました。初めて手にした〝はさみ〟、とにかく毎日、毎日、何時間でもいろいろなものを切る生活が一年続きました。紙、糸、ストロー、ときには自分の着ているTシャツまでも……。そして、入園。

非常に幼かった息子は、友だちと遊ぶより一人でポツンと遊ぶような、そんな子どもでした。登園拒否も一年続きました。母親としては本当に苦しい毎日で、毎日祈るような気持ちで送り出していました。年中の頃から友だちとも関わりがもてるようになり、少しずつ変わってきました。糸巻きのお仕事が気に入り、これも毎日繰り返し年長になっても続きました。一日も早く、数のお仕事や文字のお仕事のような知的な活動に興味をもって欲しいと願いましたが、結局ほとんど知的なお仕事には手を出さず卒園したように思っていました。

〔小学校の頃〕

ところが、小学校に入ると、特別に数学を得意とするわけではなかったのですが、幾何学は得意で、図形の展開図は、得意中の得意。不思議に思ってたずねると、幼稚園のときにお仕事で毎日触っていた、お友だちが立方体を作るお仕事をズーッと見ていたから、との意外な答えが返ってきたときには大変驚きました。

高学年になったとき、自ら中学受験をすることを決めました。友だちと遊ぶことは毎日やめませんでしたが、必ず毎日しなければならないことはコツコツと自分でやり遂げていこうと努力する姿がうかがえました。

〔現在の息子〕

誰もが認める穏やかな性格で、切れたことが一度もありません。人を責めることは一切しません。私が叱ったときも非常に冷静に客観的にものごとをとらえ、自分が悪いと思ったときは素直に謝ります。しかし、自分で納得できないこと、親の意見と違った意見をもったときは、一つひとつ順序立てて考えを整理し、処理していき、最終的にはしっかりと自分の意見を述べます。自分の意見は責任をもつと同時に頑固に譲らないこともあります。

〔最近の事例〕大学受験に際し、塾に入りました。と言うより私が入れたのです。ところが、「母さん、僕、塾やめてきたから。手続きも済んだから」と言って帰ってきました。「どうしたのー?」と激怒する私に、「どうも、塾は僕に合っていないことがわかったから。自分なりの勉強方法で勉強を進めていきたいから」。さらに怒る私に、「無理やり母さんの思い通りに塾に行かせて、良い結果が出なかったとき、母さんが後悔するんじゃないの」と言われて何も言い返せませんでした。

結局、今年の大学受験は、(これも本人の希望で、国立一本)失敗に終わりましたが、大学受験を終え帰宅したときには、「あー、スッキリしたー」と大変良い表情で帰ってきましたので、やはり結果はどうであれよかったんだと今は思えます。……

頑張っても、頑張っても成績の上がらない息子に応援しながらも結果が見えず焦り、だんだん腹も立ち、「なんで、いつまでたってもできんのん!」と言ってしまったとき、「なんで、母さんはそんなにネガティブなん? 無理かもしれないように思えても、一番叶えたい夢をもって僕はこれからも頑張るから! 頑張ることをやめたら、ここで終わってしまうから……、母さんは黙って僕の苦戦するのを見ててくれたらいいから……」との言葉が返ってきました。

息子が私を超えたなと思えた瞬間でした。この日初めて、息子に母親としてではなく、一人のヒトとして「申し訳ありませんでした。私が間違ってました」と謝りました。高校三年生の夏の出来事です。

不器用で決して頭が良いとは言えませんが、自分で考える力をもち、いつも前向きに生きていこうとする息子は、これからも失敗を繰り返しながらも、それでも自分の人生を歩いていけると思います。

（原田利恵）

（著者のコメント　モンテッソーリ教育の中核的な成果は「自分の人生を自分で生き抜く力」を身につけることだと思います。「成績が良い！」「一発で成功！」などではないのです。それがよく現われているので、長文を紹介しました）

2 三人とも、計画を立て、先を考えながら行動しています。

三人の子どもを見ていて思うのは、Y・K幼稚園に出会い、モンテッソーリ教育に出会えてよかったということです。毎日、一つひとつ目的のある教材が整えられた教室に入り、その日に自分のしたいことを選んで自分のすることを決め、集中して活動した経験は、今に至るまでとても活かされていると思います。

三人の子どもに共通して言えることは、人の話をよく聞き、人のしていることをジーッとよく見ている、ということです。学校の授業で言えば、家では全くといっていいほど勉強していなかったのに全体的によく理解していました。授業を集中して聞いていたのだと思います。……


長女は、小学校の先生から、今しなければならないことがよくわかっている、とよく言われました。いつも計画表を作り、物事の全体を考える子どもでした。例えば、夏休みになると、一日の自分の時間割を作り、夏休みの四十二日間のスケジュール表を作っていました。中学生になってからも、テストの前はいつも細かく計画を立てて勉強していました。

人の面倒をよくみて、人の話をよく聞き、困っている人の手助けをすることを全く気にせず、スムーズに行っていました。……

次男は、自分からワーワー話すほうではありませんが、先生が「クラスで誰と友だち?」と書かせたとき、次男の名前が一番多かったと言われました。発表するときは、自分から手を挙げないけれど、指すと必ずしっかりとした考えをもっていて、きちんと発表ができると言われました。中学生のころ帰宅すると学校での出来事を話していました。友だちがほかの友だちに何気なく言った言葉やとった態度に「あれは○○君、傷ついたと思う」とか、「今日は△△君が嬉しそうに笑っていたので僕も嬉しかった」などと、友だちのことを心配したり喜んだりしていました。

長男は何事も弱音を吐かず黙って頑張る子でしたが、高校二年の十二月十日、声をあげて泣きだしました。その日から学校に行けず、不登校になりました。長男は高校から部活動でラグビー部に入りました。生傷が絶えず、いつもあちこちのリンパ腺が腫れていて、足をひきずって学校に行っていました。帰宅は毎日夜の十時過ぎ。先輩の汚れ物を洗うということで肩にいっぱい担いで帰ってきていました。ぐったり疲れきって、夕食を食べる余力もなく、泥だらけのままお風呂にも入らず眠り込むという生活でした。きつい、眠い、勉強についていけない、と悩んでいたのです。……食卓に泣き伏した長男を見て、生きていることこそが大切なのだと思い、「学校に行けなくなった」という長男の気持ちを受け入れようと思いました。

……一ヶ月が過ぎ、三学期の始業式の日、長男は学校を辞めると言いました。「でも先のことを考えると、高校は出たほうがいいと思うので、どんな方法があるか、どこかに相談したい」と言い、自分で定時制高校を見にいきました。長男は、自分の目で見て、自分で話を聞いて、自分が納得して定時制高校に入学しました。……定時制の先生から、「彼は自立していますから心配いらない」と言われました。現在は車関係の会社に就職していますが、本人は「どこの学校を出ようと、やりたいと思う仕事について、ちゃんと仕事ができることがいい」と言い、不登校になって学校を変わったことを全く後悔していないし、かえってよかったと思っていると言っています。

何か問題にぶつかったとき、今こうしたらこの先どうなるということをいつも考え、行動することができるようです。三人のテンポはいろいろあるけれど、きちんと計画を立てて、自分の中で整理をして、先のことを考えながら行動していると思います。そのことを特に感じた出来事があります。

今から九年前のこと、長男二十歳、長女高校二年、次男中学二年のとき、父親が病気で入院しました。私はずっと父親に付ききりでした。そのとき子どもたちが「家のことは僕たちがやるから安心してお父さんについていて」と言ってくれました。三人の子どもたちは話し合って、掃除、洗濯、買い物、犬の散歩など分担していたとのことでした。父親が亡くなったときも冷静に動き、家に人が来るだろうからと先に家に帰り、家を片付け、じゅうたんを替えるなど、手際よく動き、来客の接待をよくしてくれました。……

私の三人の子どもたちはモンテッソーリ教育に出会い、その年齢のそのときにしなければならないと思えることを、十分にすることができてきたのではないかと思います。

（吉村真理子）

3 生涯のルールをA幼稚園で学びました。

長男（十九歳）は、幼稚園のとき「はさみ切り」と「数」のお仕事が気に入っていたようです。年長の間は「数」のお仕事が難しくなると「はさみ切り」をして落着き、また「数」のお仕事に戻るという一年間だったようです。（その後、算数、数学が得意になり……不合格になりましたが、東大入試でも数学だけは高得点でした）

小学校のとき、クラスで一番優しい人の投票があり、うちの子が一番多かったそうです。クラスでしょっちゅうトラブルを起こしていた子どもが、みんなから敬遠され孤立していたときでも、うちの子だけは優しくしていたそうです。……

大学進学の際、自分の長所に「人の話を最後まで聞くことができる」と書いていました。……

息子は、A幼稚園で生涯のルールを学ばせていただいたのだと思います。

次男（十六歳）は、○○小学校に入ってスイミング・スクールのバスの中でうちの子が叩かれていると聞いたので、息子に聞いてみたら「僕を叩いている○○君は大きい子たちからもっとひどいことをされているから僕を叩いてしまうんだよ。しょうがないよ。でも痛くないから大丈夫。○○君はかわいそう」と自分を叩いている子に同情しているほどでした。

決して学力的に優れている子ではありませんが、人の良いところを見つけるのが上手な子で、△△君はこれができないけど、こんなところがある、と人を大事にしていることがわかります。また幸いなことに、とても自分自身が好きな子で、「その自信は一体どこから生まれるの？」と首をかしげたくなるほど何でも肯定的です。

夏休みもハードな運動部（バトミントン）ですが一日も休まずに行っております。ダブルスの相方として、皆さんがうちの子と組みたいと言ってくださっていると聞いて、勉強ができることより何よりも嬉しいことです。中学のときも、補欠になっている先輩に対していつも敬語を使って礼儀正しくしていたのは、うちの子だけだったと他のお母様方から感謝の言葉をいただきました。

A幼稚園でうちの子は大事にしていただき、自分を大事に生きることができたので、人も大事にすることができるのだと思います。

長女（ゆりあ）に関して感心するのは、人に対して優劣をつけないことです。勉強ができるとか、体育ができる・できないとか決め付けないで、それはそれで認めて、「○○さんは凄いんだよ」と感心したりはしていますが、そのことと友だちを判断する基準とは関係ないようです。発達障害があり、みんなから相手にされていないクラスメイトをいつも気遣い、結局同じ班になっています。決して上からの目線で見ることなく、その子ができないことが多くても、「△△ちゃん、今日こんな面白いことを言ったよ」とほめたりします。先生から、「人の違いは違いとして認めるけれども、誰に対しても態度が変わらない」とのおほめの言葉をいただきました。……小二のとき、グループのボス的な子から「この子を叩け」と命令され、他の四人は命令どおりにしたけれども、うちの子は「○○ちゃんは悪いことしてないんだから叩かない」と拒否したそうです。

うちの子は参観に行っても、挙手して発表する姿をみたことがなく、おとなしくリーダーシップをとれる子ではありません。しかし、悪いことは悪いと勇気を出して言えます。この芯の強い力はA幼稚園で身につけていただいたのだと思っております。


（濱田育子）

4 幼稚園のときに身につけた分類の方法で問題を解決しています。

娘が六歳の頃、私が外出するので、母に留守番に来てもらったことがありました。弟がひとりでパンツをはいたのですが、後ろ前だったらしいのです。母が注意しようとしたら、娘が言ったそうです。「おばあちゃん、今はこれでいいの。そのうち、後ろと前がわかるようになるから。今はほめてあげて」と。

娘は数学が大好きです。小学校三年生で展開図を習い始めたとき、「私は形を見ただけで頭の中に展開図が見えるの」と言いました。「数学ってそんなに楽しい？」と私がたずねますと、「順番に考えていくと、答えが出るの。ほんとうに面白いわ」ということでした。

また、小学校のときから、何かをするときには計画表を紙に書いて、その通りに実行していきます。

娘が小学校二年生のときでした。「円高・円安」という言葉をテレビで聞いて、どういうことなのか教えてほしいと言われました。私が「まだ、あなたには早いと思うから、もう少し大きくなったら教えるね」と言ったら、「わかるかわからないかは私が決めるから、お母さんは私がわかるように説明して」と言われました。それから二年ほどして、弟に「円高・円安」をきちんと説明していましたので、私が「よく知っているわね」と言ったところ、「私が二年生のとき、お母さんが教えてくれたこと、私、わかったの」と言いました。……

この子の今まで（現在大学三年生）の日々を一緒に過ごしてきて、何度かいや度々大きな問題に直面してきました。越えられるかと心配しておりますと、本人は常にひょうひょうとしており、気がついたら問題を解決しておりました。初めは心配しましたが、どう解決しているのかのほうに興味をおぼえて見ておりました。そしてわかりました。

この子は、目の前の大きな問題をいくつかのパーツに分けて、そのパーツを自分なりに並べかえて、優先順位をつけて片付けていたのです。幼稚園のときに身につけた分類の方法で解決しているのがわかりました。

（高橋いづみ）

5 積極的に目標をもって人生を歩んでいます。

娘は二歳児保育、そして三年間の幼稚園生活をY・K幼稚園でモンテッソーリ教育を受けて育ちました。娘が幼稚園の頃は、泣き虫で何かにつけてよく泣いていましたが、「お仕事」の時間が大好きで本当に楽しそうに幼稚園に通っていました。

小学校三年生のとき、学校が総合学習のモデル校となり、先生方の試行錯誤の授業が始まりました。子どもも保護者も一番戸惑ったのは、毎回テーマを与えられ、それについて「調べましょう」と白紙を一枚宿題として出されたことでした。みんな何を書いてよいやら戸惑う中で彼女は一人嬉しそうに自分でテーマに関することを調べていました。

三年生のときに、「マラソンについて調べよう」というテーマのレポートを作ったことがありました。用紙一枚にまとめるのがやっとという友だちが多い中で、娘は何頁ものレポートを提出しました。身体の仕組みや運動と身体との関係などを図書室で調べて的確に要点をとらえ、図解を交えながらまとめあげたのです。担任の先生も目を丸くしてびっくりしていました。自分で考え、自分なりのスタイルで自由に調べたものをまとめ上げていくのがとても楽しかったようです。

小学校四年生のときのことです。ひとりでバスに乗って、友だちの家に遊びに行ったことがありました。そのとき、うっかりして、バスの中にバッグを忘れてしまいました。忘れ物に気づいたときには、すっかり慌ててしまって、どうしようかと思ったそうです。しかし、友だちの家からバスの営業所に電話をし、自分の乗ったバスの番号と時間を告げて、どこへ取りに行ったらよいかを確認したそうです。それから、私に電話で「忘れ物をしたので、営業所に取りに行ってほしい」と頼んできました。私のほうが慌てて、「営業所の番号をどうやって調べたの？」とたずねました。すると、「バスカードの裏に書いてあるよ」と落ち着いた声が返ってきました。忘れ物という失敗をしても、その後の手回しのよさにびっくりするやら感心するやら。自分で考えて行動することができるって、すばらしいと思いました。……

中学校時代は、吹奏楽部に入り、三年間ほとんど毎日部活に行き、勉強との両立ができるかと心配でしたが、自分がやりたいことを思い切りしたいと、「どうやってこなしているの？」と思うくらいのハードスケジュールをこなしました。高校は一ランク上を自ら希望し、十一月中旬まで吹奏楽部の部活を続けながらの受験勉強でした。私はもうヒヤヒヤでしたが、彼女はやり遂げました。自分で目標を決め、それに向かって努力していくエネルギーの強さにいつも驚かされます。……

自分の本来の性格プラス幼児期に受けたモンテッソーリ教育で培った力で彼女は、いつも積極的に目標をもって人生を歩んでいます。

（木村智子）

以上、母親がわが子と生活してきて、「幼児期にモンテッソーリ教育を受けた」ことが影響していると述べていることを五人だけ、かいつまんで紹介しました。百人百様それぞれに環境や個性に影響されて生き方は様々なのにもかかわらず、約千人の報告を読むと、そこには「絶対に共通している！」と思わざるを得ない特徴がたくさんあるのです。

例えば、次のようなことは、ここに紹介した五人の母親の子どもたちにも共通していま
す。

・じっくり見る。注意深く聞く。
・計画性、段取りに優れている。
・目標をもって頑張る。
・臨機応変に処理したり対応することができる。
・小さい子、障害をもっている人、お年寄り、など弱者にやさしい。
・人の長所を見つける。ほめる。人の成功を喜ぶ。
・自分の考えをしっかりもっているが、調整役をしたり、人と協調して努力する。
・自立している。

この他にも不思議なほどたくさんの共通性があるので、それは後の章で扱います。

3.「教師」からの報告

モンテッソーリ教育で子どもを丁寧に育てた先生たちには、共通した有難い体験があります。それは、卒園した子どもたちが折あるごとに訪ねてくれることです。小学校時代は懐かしがって「お仕事させて」と戻ってきたり、「お手伝いさせて」と言って教材作りの手伝いにきたりします。中・高時代の忙しい時期はご無沙汰することもありますが、大学に合格したときやってくる子が多いのは不思議な共通点です。

大学に合格したことを幼稚園に報告にくる彼らは、たいてい受験勉強で集中したとき、幼稚園で「お仕事」に集中した感覚を思い出したと言います。そして、自分が決めた道に進む喜びや将来の夢を語るのです。幼児期に自分で決めることを教えてくれた先生、集中する経験をたっぷり味わわせてくれた先生、その先生に会って、自分の生き方の原点が「ここにあった！」ことを確認しているかのようです。モンテッソーリ教育で子どもたちに誠心誠意かかわった先生たちは、卒園してても戻ってきていろいろな話をしてくれる教え子たちに恵まれるのです。

1 三十五年間モンテッソーリ教育をしてきたので、卒園生の生き方がわかります。

就職した当初は、設定した内容で指導する一斉保育を行い、四年目からはコーナー別で活動する自由保育に取り組みました。一斉保育では、活動の主体は先生にあり、先生の計画したことに子どもたちを誘い込み、上手にできた子や、与えられた課題に興味を示した子を良い子と評価していたように思います。自由保育は保育室に、ままごと、ブロック、製作、折り紙、自由画、粘土などのコーナーを作り、子どもは登園してくると、自分の好きな所で友だちと一緒に遊ぶという毎日でした。しかし、コーナー毎に活動が発展しても互いに関連性がなく、また、飽きると別の所に行って遊ぶということで、クラスに一つのまとまりが見られず、それを集団にするために、教師が劇遊びやごっこ遊び、製作活動などを設定し保育をしていました。

その時期にモンテッソーリ教育に出会い、教師の役割は子どもを援助する者、子どもの生命に仕える者で、保育室の主は子どもであり、子ども自身が自分を作り上げていくために「お仕事」をするということを知り、今までとは正反対の教育であると感じました。……この教育で、子どもたちの中に、自然と思いやりの気持ちや、穏やかな表情が見られるようになり、真の教育に辿り着いたという確信をもつことができるようになりました。……卒園生たちが自分の道をしっかり歩いているのを見ると、モンテッソーリ教育の成果を感じます。いくつか紹介しましょう。

- 「学校の先生になりたい」という夢を叶えるために、合格した大学を辞め、希望する大学を受け直し、教員採用試験に挑戦している子。
- 自分のできることで周りの人たちを喜ばせたいと、友だちと「そーらん宅急便」というグループを作り、老人ホームや施設を訪問している中学生男子。幼稚園の誕生会や七夕祭りにも踊りに来てくれました。
- 器械体操でオリンピックを目指している中学生の姉妹。自分の身体を自分の思う通りに動かし表現することに情熱をかけ、自分の心と技を日々磨いています。
- ミュージカルスターになりたいとの幼いときからの夢を実現させている中学生の女子。様々の公演で主役を演じ、多くの人々に感動を与えています。
- Jリーガーになった兄弟。音楽の道に進んだ子。緻密な絵を描くことが好きだった子が、絵本作家になって活躍しています。

前述のような目立った存在ではなくても、自分の置かれている所で地道に、精一杯自己発揮したり、目指す目的に向かって前進し続けているのが卒園生たちに共通する生き方です。

（末永憲江）

2 小学校低学年の教師からの報告

・困っている友だちに関心をもち、気にかけて優しくサポートする行動が多く見られます。また、相手を傷つけるようなことを言いません。しかも、友だちが別の友だちからそういう言葉（悪口も含めて）を投げつけられるとき、見て見ぬふりをせず、「そんなことを言ったら○○ちゃんがかわいそう」と助け舟を出し、味方になろうとします。

・様々な場面で、小さいながらも自分のもてる能力を最大限に生かして機転をきかせ、機敏に行動できるなぁ、と感心させられることがしばしばあります。例えば、クラス園の水撒きをするとき、誰かが誤って如雨露の水を廊下にこぼしても、教師が雑巾を取りに行く間に、手近にある清掃用の雑巾できれいに拭き取って、さっさと始末したことがありました。

- 算数の授業では、繰り上がりや繰り下がりの計算をするとき、計算用のブロックを使います。長時間ブロックの操作が続いて、他の子が飽き飽きし始めても、根気強く着実に実行します。
- 計算や漢字の練習のような単純な繰り返し作業でも、一つの作業を始めると、根気よく続ける。
- 一つのことをある程度継続してあるレベルに達すると、新しいことにも応用できる。
- 新しい漢字を学習する際、すでに学習した漢字の組み合わせや、形や意味の似ている仲間に気づく。また、漢字を構成する線について、長い短い、はねるはねない、つくつかない、広い狭い、などの細かい部分の違いもよく見わける。

（松波まりこ）

3 中学・高校の教師からの報告

（著者の註　これを語るのは、幼・小・中・高一貫校の教師です。約三分の一がモンテッソーリ教育をしている幼稚園からきています）

・併設の幼稚園から小学校を経て中学校に進学してくる生徒たちは、何をするにも丁寧で礼儀正しいという印象があります。ノートの取り方、提出物などの出来上がりもきちんとしており、順序、段取りをよく理解しているように思います。

・点数だけに固執してガリガリ勉強するタイプが少なくて、どこか悠然とおっとりしているタイプが多いようです。清掃など点数と関係ない部分でも、嫌な顔をせずに黙々と働く生徒も多いような気がしてます。

・人からの評価を気にせず、誰かが見ていなくても誠実な態度を尽くそうとします。

（沼田美雪）

第二章

「生涯にわたる人格形成の基礎」って何ですか？

小学校に入ってきた子どもたちが「先生の話を聞かない。じっと座っていない」など規律に従えない落ち着きのない態度を顕著に現わし始め、それが問題視されたのは二〇〇〇年前後のことで、昨今では「それができないのが子どもだ」と、当たり前のように見ている人が多くなってきています。しかし、その雑然とした状態が望ましいものでないとは誰もが感じています。そして、小学校以前の段階で「どんな経験をしなければならなかったか」「どのように経験すべきだったか」を真面目に研究する必要性が認識され始めています。その一つの表われが、二〇一〇年改訂（実際は二〇〇九年から実施）の「幼稚園教育要領」や「保育所保育指針」の冒頭に新しく出てきた次の言葉と言えるでしょう。そこには、「幼児期における教育は、生涯にわたる人格形成の基礎を培う」とあります。

モンテッソーリ教育を受けた子どもたちのその後の生き方を調べているうちに、幼児期に受けた教育の影響が、それぞれの年齢段階で現われているのが見えてきて、まさに「生涯にわたる人格形成の基礎」が、幼児期にできたのだということがわかってきます。

それは、「成績が良い」とか「できる、できない」の尺度で評価されるものではない、もっと人間として大事な深いものです。具体的なことを取り上げながら、「生涯にわたる人格形成の基礎」とは何なのか、どのようにしてできていくのか、を考えてみましょう。

一、「どうしたら、そんな子が育つのですか？」と訊かれる母親たち

「どうしたら、そんな子が育つのですか？」と、お母さん同士の会話の中で、あるいはクラス担任の先生から訊かれたお母さんたちがけっこう多いので、少し紹介いたしましょう。

小学校一年の長女の初めての授業参観の日、私は最後の授業と懇談会にしか参加できませんでした。懇談会終了後、ご両親でいらっしゃっていたあるご夫妻が私を待っていたのだと近寄ってこられました。お二人は午前中から参観されていたそうですが、次のような話をしてくださいました。

給食の時間に、あるお子さんが食器の中身をこぼしてしまって、別の子の机の上をぐちゃぐちゃにしてしまいました。先生は教室の前のほうで給食当番の子どもたちの世話をしていて気づきませんでした。こぼした子は呆然と突っ立ったままでした。周りの子たちは、「あーあ、きったねえ」とか「もう、給食たべられない」とか騒ぐだ

けでした。こぼされた子も、どうしたらよいかわからないという感じで、座ったままでした。長女は、自分のきれいな雑巾をもってその場に行き、一人で片付け始めたとのことです。

「だいじょうぶよ。掃除をすればきれいになるからね」と、その席の女の子に優しく声をかけて慰めたそうです。

「失敗しても、やり直したらいいんだよ」と言いながら、一人で片付けをし、雑巾をゆすいで、すっと自分の席に戻ったとのことです。

お二人は教室の後ろからその様子を目の当たりにして、たいへん感動されたそうです。

「この女の子ってすごいねえ！」

「うちの子には絶対にできないね。ほかの子だって、誰かに言われてもやれるかなあ?」昼休みも、お二人はこの話題でもちきりだったそうです。「どんなお母さんかな?　もしいらっしゃったら、躾について訊いてみよう」と私を待っていたとのことでした。

「今日は、授業参観も楽しみだったけれど、それよりも良いものを見せてもらえて、とても良い一日でした。ありがとうございます」と、お二人にお礼を言われました。

（畑中美穂）

長女の高校の先生が、「とても素敵な大人の女性ですね。どのようなご両親に育てられたのか、お会いしたかったです」と言ってくださり、次のようなエピソードを話してくださいました。

文化祭が終わって片付けをしていたとき、他の皆は興奮さめやらぬ中でそれどころではなく、おしゃべりしていたそうです。長女は、みんなを促すわけでもなく、一人で黙々と掃除をしていたので、先生が理由をたずねると、「みんなが楽しいんだったらいいです。私が片付ければ済むことですから」と言ったそうです。先生は、「彼女はいつもそういう態度なんですよ。今時、ああいう子はなかなかおりません」と言ってくださいました。

次女の中学の先生からは、「うちにも小さい子がいますが、れみちゃんのような子どもに育ってほしいです。どのようにすればいいのか教えてください」と言っていただきました。お勉強のことでほめていただいた記憶はあまり残っていないのですが、この二つの言葉は忘れられません。

（政田しのぶ）

一年生のとき、ハーモニカの練習のために、先生がハーモニカカードを作られました。ハーモニカが上達するように段階を追って作られたカードで、一つできて認印をもらうと次のカードに進んでいく……というものでしたが、息子はカードを手にしたときから目を輝かせ、「僕は、明日までにカードのここまでできるようになりたいんだ」と、自分なりに目標を立て、ハーモニカを練習することを楽しんでいました。カードはどんどん進み、いつしかクラスで一番早く達成できたようです。また、縄跳びのときも同様に前飛びから始まり二重飛びまでカードがありましたが、このときも「今日は、十回飛べるまでする」とか目標決めが始まり、達成していくことに喜びを感じていました。そうしていくうちに他のお母様方から「どんな風にして練習させているの？」とか「何と言ったらするようになるの？」と訊かれるようになりました。でも私がしたことは、「がんばってね」と言って見守ることと、達成したとき、見て確認し共に喜ぶことくらいで、他には何もしないので、そう言うと、「どうしてなの？　うちは、しなさいと言ったってしないもの」と言われたりしました。私は、幼稚園のときに自分でしたいものを選び、自分で考えて実行してきたおかげかな……とモンテッソーリ教育のことを説明しますが、モンテッソーリ教育を知らないお母様方にはなかなか理解していただけません。

（木村智子）

二、「卒業までに正常化する」ことを願い努力する先生たち

1．「逸脱した状態」と「本来の姿」

前述してきたモンテッソーリ教育を受けた子どもたちの特徴は、「幼児期の正常化」に原因があります。

モンテッソーリ教育がよく機能している幼稚園や保育園や「子どもの家」は、穏やかなあたたかい静かな雰囲気が漂い、まるでこんもり茂った森に入ったときのような安らぎを体中に味わうものです。一般に幼稚園や保育園では、子どもたちの大声が響き渡り、雑然とした雰囲気やガチャガチャして落ち着かない子どもたちが遊びまわっているという通念があります。

ところが、モンテッソーリ教育の場の子ども集団は、落ち着いていて、彼らは人が話すときは、その人を見てよく聞きますし、何かをして見せると注意深くしっかり見ます。二

年、三年、四年とモンテッソーリ教育を受けていくうちに、いつの間にか、落ち着いた子どもたちになって、幼児期を卒業していくのです。

なぜでしょうか。

それは、「正常化」が起こったからです。

「正常化って何ですか？」

モンテッソーリが言った「正常化」については次の項で説明することにして、まず「正常化」という言葉自体を説明しましょう。「正常化する」と言えば、それ以前は「異常だった」のかと不愉快な感じをもつ人もいるでしょう。でも、ここで言う「正常」は「異常」に対置した言葉ではなく、「逸脱した状態」に対する「本来の姿」という意味です。

初めて家庭から集団に入ってくる子どもたちの中には、ガチャガチャした落ち着きのなさ、手におえない乱暴さ、ボーッとした無気力など、何らかの問題をもっている場合が少なくありません。特に最近は、どのように子育てをしてよいかわからない親や大人に囲まれて生きてきた結果、多くの子どもたちは、その子本来の落ち着きとやる気を発揮しきれないでやってきます。

ところが、その子どもたちがモンテッソーリ教育の場で毎日「お仕事」をするうちに、少しずつか、突然か、「変わる」のです。その子のペースで歩き、穏やかに話し、もくもくと自分でやりたい活動に専念し、友だちと協調して何かを実現する子どもに変わっていきます。

このように、すっかり安定し、自分のペースで生き、自分のやりたいことを自覚し、実現することができるようになった子どもたちをモンテッソーリ教育では「正常化された」と言います。最初のガチャガチャした落ち着きのない状態、ボーッとした無気力の状態は、その子の「本来の姿」が未だ現われていない「逸脱した状態」だったのです。ところが、モンテッソーリ教育の場で生活するうちに、隠れていたその子の善《よ》さ、埋もれていた資質、奥底にあった秩序のセンスなどが立ち現われてきます。

モンテッソーリ教育に携わる教師たちは、全ての子どもが在園中に正常化されることを願い、決して逸脱したまま幼児期を終わらせないように努力します。モンテッソーリの次の言葉の内実を知っているからです。

子どもは、はじめの二、三年で将来を左右するような影響を受けます。だから、もしも三歳までに適切に扱われるなら、その子の理想的な原型ができあがります。ところが、環境や最初の三年間の生命力を妨げるなら、さまざまな欠点を身につけさせることになるのです。

(『創造する子供』マリア・モンテッソーリ著、武田正実訳 エンデルレ書店)

三歳頃までに逸脱発育してしまうとは、自然は何と無慈悲な、と思いますが、実はそうではありません。人間の生命は慈愛の限りなく深い力によって導かれ、常に善良に生きる希望がもてるよう創られています。出生後〇～三歳の期間に逸脱してしまったとしても、次の三～六歳の期間には新たな恵みがあります。

誕生から六歳頃までを「幼児期」と総称しますが、この幼児期は、前半と後半に分けられます。つまり、〇～三歳の「幼児前期」、三～六歳の「幼児後期」です。「幼児前期」は、各部分が別々に発達します。「幼児後期」は、全ての部分が共に働いて、組織化され統合されていく時期です。この時期に全人格を傾注する活動に出会うたびに、内面のエネルギーは統合されます。そして、集中して行う活動を幾重にも経験していくうちに、子どもは正常化されていきます。

「正常化」が起こると、「歪み」がひとりでに消えるばかりでなく、その子本来の落ち着きや善良さが現われてきます。一つひとつの歪みを、個々に矯正する必要はありません。歪みの原因は、たった一つのこと、養育上の悪条件と、大人の間違った関わり方なので、その原因が解消されるなら、多様な歪みは全てひとりでに消えていきます。

ところが、三歳までに身につけてしまった欠点が、三～六歳（幼児後期）に正常化されないまま学童期に進むと、どうなるのでしょうか？　大きくなるにつれて次第にわかってきて落ち着くのでしょうか？　実は、そんなに楽観できるものではなく、深刻な問題が待ち受けているとモンテッソーリは次のように言います。

〇～三歳にできあがった欠陥が、次の期で無視されるか処理を誤るかして矯正されないと、その欠陥はそのまま残るばかりでなく、さらに悪化します。かくて、六歳にして、〇～三歳の期とそれ以後の両期にわたって形成された性格的欠陥を身につけた子どもができあがります。六歳以降は、その欠陥は今度は次の時期の善悪の観念に影響を及ぼします。すべてこれらの欠陥は、精神生活と知性にはねかえってきます。前の時期の環境が自分の力を伸ばすのを妨げた場合は、学習困難に陥ります。（中略）六～十二歳で現われる善悪の道徳感を発達させ得なかったり、知能が標準以下だったりします。

（『創造する子供』エンデルレ書店）

幼児期に身についた逸脱状態が正常化されないまま、学童期に入っていくことは、大変おそろしいことです。小学校以降に明らかになってくる様々の問題行動の原因は確かに幼児期にあるからです。この事実が明白になってきたので、幼児教育に関する国の指針は冒頭に、「幼児期における教育は、生涯にわたる人格形成の基礎を培う」こと、だから「幼児教育を充実させ、その成果が小学校につながる」ようにすべきだと強調するようになったのでしょう。

幼児期に充実した生活を送り、正常化されると、その影響は、学童期だけに限りません。成長と共に、中学時代、高校時代、社会に独立して生き始めるときなど、それぞれの時期に、幼児期に育ったものが核となって実力を発揮していくのです。この事実をモンテッソーリ教育は、卒業していった子どもたちの生き方を通して突き止めました。

幼児期に正常化されて学童期に入っていくことが、小学校時代だけでなく、その後の人生の土台をつくるという事実を、モンテッソーリ教育をしてきた人たちは見てしまったのです。

2. 幼児期の「正常化」って何ですか？

マリア・モンテッソーリは、子どもの中に、今まで知られていたのとは別の子どもがいることに気づきました。それは、「今まで心理学者や教育家によって研究された子どもとは違う誰にも気づかれない子ども」で、今まで大人が抱いていた子どものイメージとは異なるものでした。それで、「新しい子ども」と呼び、その「新しい子ども」には次のような共通した特徴があるのを認めたのです。

- 自分自身を統御することができ、
- 確信と安定感があり、
- 正直で、慎重で、どんな悪も犯さないよう気をつける子ども。
- 品位と正義感に富み、「自発的規律」と「自由における規律」があり、
- 内的なものや、外的なものへ従順であり、
- 自由を正しく使う能力や秩序感があり、

・「仕事への忍耐」「他人への援助と理解という社会的感情」がある。

この「新しい子ども」が現われる現象は、全人類に属する現象であることをモンテッソーリは確認し、それは、子どもの「心の治癒」「正常状態への復帰」「喜びへの再生」であると言います。この状態が現われるには、必ず経なければならないそれ以前の過程があります。つまり、子どもが集中して作業することです。

「乱雑で規律のない子が、突然いつか作業に落ち着き、……静かな落ち着いた子が作業によって浄化されて出てきます。正常化が起こったのです」

「正常化」という言葉は、モンテッソーリ教育をしている人には抵抗がないようですが、普通は同じ現象を「子どもが変わる」という言葉で表現します。モンテッソーリも次のように言います。

「乱雑で、粗暴な子らが、突然、遠い世界から戻ってきたかのように、変わることがあります。その変化は、ただ無秩序から作業への外的な移り行きだけでなく、もっと、ずっと深く及ぶ変化であって、それは、心の安静と満足となってあらわれるものです」

（『幼児の秘密』マリア・モンテッソーリ著、鼓常良訳　国土社）

心の安静と満足となるほどの深い変化は次のような特徴となって現われます。

- 自分の行動の確かさ、
- 自己信頼。自覚があり、自己を操縦できる。
- やるべきことを知り、それに必要な動作の順序を、よく心得ている。
- やるべきことをわけなく実行でき、何か特別なことをしたという意識がない。
- 行為の背後に慎重さがあり、危険を知って、それを自由に処理することができる。
- 自分の色々な力を発達させようという欲求がある。
- 環境に向かって強い愛情があり、飢えと比較される生命発現がある。

（『幼児の秘密』）

このように「正常化」された子どもの特徴をモンテッソーリは生存中に目撃したのですが、現在、モンテッソーリ教育の現場で確認されているものと全く同じです。しかも、さらに驚くことは、幼児期に現われたこのような特徴は、その後の成長していく過程で何らかのかたちで認められているということです。そのことは、生涯にわたる人格形成の基礎が幼児期にできたことを示しているようです。

モンテッソーリは第二次世界大戦の波にもまれ、インドに亡命せざるをえないほどの激動の時代に生きたので、「正常化された子どもたちのそれ以降の姿」を研究することはできませんでした。しかし、新生児から乳児期への援助の必要性や宇宙に広がる秩序に基づく「コスミック・エデュケーション」などを開発し続けました。

幼児期の「正常化」が、生涯にわたる人格形成の基礎になるのだと言えるのは、日本ではやっと最近のことです。モンテッソーリ教育を三十年~四十年と実践し続けている人々が、三十歳代、四十歳代になっていく卒業生たちの生き方を見ながら語る言葉に共通性が認められるようになったからです。現場の事実が証拠となり始めたのです。

三、正常化への道

1．幼児前期（〇〜三歳）の正常化への歩み

二歳前後に良い環境と援助に恵まれると、目覚しい確かさで人格として成長していくということが、最近になって科学的根拠と実践の事実から報告され、昨今は「二歳児」が脚光を浴びています。昔は、二歳児は「第一反抗期のわからず屋」と思われ、最も教育が難しい時期だとされました。ところが、今は逆で「二歳児こそ決定的に伸びるとき」として丁寧な対応の仕方が研究されています。

この時期は、日常生活の一つひとつの行動を確実に身につけることで安定し、正常化されていきます。二本足歩行ができるようになり、手を使うことができ始め、言葉がやっと出始めるや、子どもは「じぶんで！」と主張します。

この時期では日常生活の行動そのものが正常化への道になるのであって、その道をよく

歩んだ子は三歳を過ぎると、正常化された子どもの特徴をますます発揮して大人を感心させるものです。しかし、三歳までに逸脱してしまった子どもにも、幼児後期は正常化する道を開きます。それらの根拠は次の章で述べることにして、ここでは、日常生活が重要な教育の場であるということを具体的に教えてくれる素晴らしいご夫婦の取り組みを紹介しましょう。

ご両親が協力してわが子が二歳のときから日常生活行動の一つひとつを丁寧に教育の機会とされた実践は、具体的に「何を」「どのように」すべきか、わからないと思っている人に貴重な示唆を与えてくれるでしょう。同時に、三歳以前に日常生活行動を自分でできるように丁寧に教えてもらい、実行した子どもが、幼児後期に入ってどのようになるかをも知ることができます。

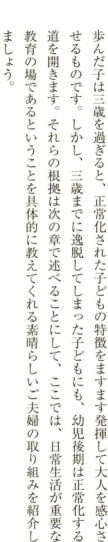

自分でできるよう工夫しています。

長男Kが二歳の頃、私たち夫婦は何でも自分で考えて行動できる子どもになってほしいと願って、日常生活を「自分でできる」よう様々な工夫を始めてみることにしました。

---

(1)接し方：たすけすぎない、待つこと

自分で靴を脱いだり履いたりしたがったときには、自分で気がすむまでやらせ、じっと待ちました。そして、私が介助するときにはできるだけゆっくりと一つひとつの動作を見せるように心がけました。衣服の着脱も一人でやりたがりましたから、できるところ（例えば、ファスナーの上げ下ろし、Tシャツを被る、ズボンを両足に通して引っ張り上げること）は、自分で納得いくまで試行錯誤させた上で、最後の最後に（金具をはずす部分、Tシャツの袖通しの介助、ズボンのお尻側を引っ張り上げること等）少し手伝うようにしました。すると、いつのまにかどんどん自分一人でできるようになり、それがまたとても嬉しそうでした。

(2)環境：自分でできるように

彼の衣服、玩具、文房具、絵本を全てKの手の届くところ、見えるところに収納しました。食器類も同様に食器棚の下から二段目の彼が一番取りやすい高さに並べました。フォーク類も含めて全て自分で出し入れできるようにしました。台所と洗面所には、彼用のタオル掛けを低い位置に用意し、石鹸は幼児の手にちょうどよい大きさに切り、歯ブラシと共に届くところに置きました。そして、それぞれ高さ調節のためのステップ台（牛乳パックの椅子）も用意しました。

環境の一部である私たち親も、脱いだ靴を揃える、着替えた服をたたむ、言葉遣いに気をつける（ものの頼み方、お礼、挨拶など）という生活態度において自分たちが良いと考え、模倣期にある子どもに見習って欲しいことは意識して実践しました。

(3) 提示：ゆっくり見せる

様々なことのやり方を示す際に「提示」※（九四頁）を意識するようになりました。例えば、ハサミやピーラー、ナイフは安全な持ち方や渡し方をきちんと見せて、ゆっくりと使い方を示しました。お父さんとの工作で同様に個別の部品の扱い方をきちんと見せて説明する、ゆっくり使い方を見せることを心がけています。お茶を注ぐことやお料理のお手伝いのときにも、「提示」に倣い、ゆっくりとやり方を見せるようにしました。

(4) 適切な言葉がけ

できる限り子どもの人格を尊重した物言いを心がけるようにしました。否定的なことやNGワードは子どもの人格を尊重していないから出てしまう言葉です。ついついなかなか上手にできない子どもを軽視しがちで、大人同士では決して使わないような「駄目ねえ」「何やっているの！」という相手の人格や気持ちを無視した物言いをしてしまいます。子どもができないのは単に運動の調整が不完全なだけ、あるいは正しいやり方を知らないだけで、非難されるいわれは何もないというのに。むしろ反省点があるとすれば、正しく導くことができない大人にあるというのに。この点は、意識している私たちも反省の毎日です。

以上のような点を意識して生活するようになって二年半になります。私たちが、Kの行動の意味を考え、怒らず焦らず待つようにし、言葉がけや考え方や行動を改善し、Kが自分でできるように工夫したことで、彼は本当になんでも自分でするようになり、また何事も自分でよく考えて行動するようになっています。四歳という年齢のせいかもしれませんが、過信に近いほど自分で何でもできると考えており、実際に身支度から家のことまで大体のことは自分でします。……

諸事情により残念ながらモンテッソーリ園には通わず、モンテッソーリ教育の環境は就園前に一年間通った「子どもの家」のみでしたが、家庭での心がけも手伝ってか、Kは一人でじっと本を読んで集中したり、黙々と何かを書いたり、自主的に雑巾がけや洗濯物をたたむ手伝いをやり始めたりします。そして、そういうことの後は、いつもとても誇らしげで晴れやかな笑顔で、「クモは昆虫ではないんだよ！」とか「ボクがやっておいたよ！」と報告してくれるのです。これらは「モンテッソーリ・メソッド」の「お仕事」の形ではないけれど、確かにKが自由に始め、集中し、達成感を味わっているのだとしみじみと感じます。何よりも、Kのその後の晴れやかさ、素直さは、まさにモンテッソーリが発見していった子どもの持つ内面的な良さが現われる姿なのです。

（木田暁子）

二〇一〇年改訂の「幼稚園教育要領」と「保育所保育指針」の冒頭に、「幼児期における教育は、生涯にわたる人格形成の基礎を培う」ものだと掲げたことを前に述べました。ところが、具体的に「どのようにするのがベストなのか？」「それはなぜなのか？」という方法や根拠は述べられていません。そのことを一体誰が教えてくれるのでしょうか。

モンテッソーリ教育は、「幼児期にしなければならない経験」についての知識と、「どのように経験すべきか」という方法をもっており、「それを経験した結果」についてのデータももっています。一九六〇年代後半から四十年間にわたってモンテッソーリ教育を実践してきた人々や、その教育を受けた人々のデータが蓄積されているのです。

その中から次に、主に三～六歳の時期にされる経験と、そのような経験がもたらしたと思える結果を紹介することにしましょう。

※「提示」

言葉で教えるのではなく、動作で教える教え方を「提示」と言います。口先でやり方を説明するのではなく、教えたい「動き」の要素を分けて、速度をスローダウンして、黙って、意識してやって見せる、教え方です。

①教えたい行為を一つだけ取り出す。
②その行為を構成する動作を分析する。
③一つひとつの動作を、はっきり、ゆっくり、正確に示す。

その際、最も大事なことは、動作と言葉を離すことです。まず黙って動作だけを子どもの前でして見せます。説明が必要であれば、その後で言葉数少なく加えます。詳しくは、次の第三章で説明していきます。

2. 幼児後期（三〜六歳）の正常化への道筋

二章の二の1で、「逸脱した状態」という言葉を書きましたが、現場の先生を悩ませる逸脱した子どもの状態をいくつか次に紹介しましょう。

【逸脱した状態】

- 四歳のAくんは、行動が乱暴で、突然、友だちを蹴ったり、叩いたりします。食器の扱いも乱暴で、ときには食事を壁に投げつけることもあります。やることは中途半端で、脱いだものはそのまま、出したものもそのままです。
- 四歳のBくんは乱暴で、何かというと、友だちをなぐったり、押したりします。感情の起伏が激しくて、先生や年長の子に何か言われただけで、自分で自分が抑えられなくなるほど興奮します。日常の生活でも、大声で叫びながら教室内を走り回ったり、作業をしている友だちの邪魔をしたりして、いつも教室の雰囲気を乱します。
- 五歳のCくんは、片時もじっとしていません。気が短くて、少しでも気に入らないことがあると、すねたり怒鳴ったりで、誰にでも強い口調で当たり散らします。お仕事の時間にも、したいものが見つけられず、フラフラしていて友だちの作業に口出しし、たまに何かを選んで取り組んでも、集中する姿はまるで見られません。

・三歳のDくんは、自分の身の回りのことがなかなかできません。「できない」「疲れる」などと言っては身体をふらつかせ、近くにいる友だちにぶつかったりします。

・五歳のEくんは、何をするにも特定の一人の友だちにべったりです。自分ひとりで何かに取り組むという姿勢はほとんど見られず、いつも室内をフラフラと歩き回っています。少しでも気に入らないことがあると、叩いたり蹴ったりします。あるときは、友だちのコップをわざと隠しました。それも二回繰り返しました。最初のとき「もう二度としない」と約束したのですが、同じことを繰り返したのです。

・三歳のFくんは、自分では何もしようとしません。消極的で無気力、神経質、自分から探したり取り組んだりすることがなく、いつも指示を待っています。自分で靴も履こうとしませんし、お弁当も食べようとしません。

・三歳のGちゃんは甘えん坊で、いつも教師にべったり依存しています。自分ができないことに出会うと、すぐに泣き出します。泣きながら「やって」と先生に頼んだり、ほかの子にやってもらいます。

このA、B、Cは「強いタイプ」、D、E、F、Gは「弱いタイプ」に逸脱発育しているのです。ところが、この状態の子が、全く違った姿に変わります。ここでは、変わっていった過程を一つひとつ紹介することは省略して、この子どもたちが「本来の姿」を実現するまでの過程に共通している事象だけを取り出します。

（著者の註　逸脱した状態から本来の状態に変わっていく過程を具体的に述べた事例は、『幼児期には2度チャンスがある』（講談社）、『お母さんの「発見」』（文藝春秋）など他の全ての拙著にたくさん紹介しています）

(1)まず「見る」ことから始まります。「ジーッと見る」のです。見ている視線の先には必ず「動き」があります。友だちが「切っている」「通している」「貼っている」「作っている」など、何かをしている「動き」に目をとめるのです。

(2)このような場面を捉えて、先生が近寄り、その作業に誘うと大抵の場合すぐに「やりたい」という意志を表明します。子どもが応じてきたら、先生は、その「動き」を

「ゆっくり、はっきり」「して見せる」ことをします（モンテッソーリ教育では、これを「提示」と言います）。すると、それまで落ち着きがなかった子、やる気がなかった子なのに、その「動き」を「ジーッと」「真剣に」「食い入るように」見るようになります。

(3)そのように見ていた子に、「やってみる？」と誘いかけると、必ず自分から取り組み始めます。

(4)ところが、勢い込んでやり始めても最初はうまくいきません。しかし、うまくいかなくても決してあきらめません。粘り強く挑戦します。そして、一回できるとまた同じことをします。それからは何回も繰り返すことになります。

(5)繰り返しながら、深く集中していきます。その集中は周囲の騒ぎに気がつかないくらい深くなることがあります。

(6)とことんやり抜いたら、突然パッタリとやめます。その際、「これでおしまいにする」とか「終わった」とかつぶやいて自分からやめ、その後はしなくなる場合がたびたびです。

やり終わった後、子どもはスッキリした顔になったり、目をキラキラさせて幸せそうだったりします。この経験を経ると、子どもの態度が変わってきます。それは、先生や周囲を悩ませ困らせたあの状態ではなく、落ち着いたやさしい子どもになっているのです。

前述の「逸脱した状態」を描いた現場の先生が、その子どもが(1)〜(6)に要約したような一連の過程を通ることで良い状態へ変わった姿を次のように書いています。

【良い状態】

- 満ち足りた明るい笑顔でした。その後、Aくんは変わりました。自分で世界を大きく広げ、様々な活動にじっくり取り組むようになりました。いろいろなことによく気づくようになり、喜んで私たちのお手伝いをしてくれるようになりました。
- その日からBくんは変わっていきました。イライラして友だちに暴力を振るう回数が減り、さらには自分の持っている物を友だちに貸すというやさしさも見えてきました。そして、年長の後半になると、クラスをまとめるリーダーになりました。
- Cくんはとても満足した様子で、本当に嬉しそうな表情をしました。それ以後、Cくんは驚くほど変わりました。一番の変化は、友だちにやさしくなったことです。他人を思いやれるようになり、友だちとも仲良く遊べるようになりました。また、友だちや先生の注意を素直に聞けるようになり、悪いことやってはいけないことを自分で判断できるようになりました。

・なんともいえない嬉しそうな笑顔を見せました。そのことがあってから、少しずつですが、Dくんの行動は落ち着いてきました。衣服の着脱、シール帳へのシール貼りなども自分から進んでやるようになりました。自分が自信をもってできることは、できない子に教えたり、手伝ったりするようにもなりました。

極端な「逸脱状態」からの変化を事例に取り上げましたが、これらの事例を通して見極めたいことは、どんな子どもにも奥底に善良さが潜んでいること、その子の落ち着いたやさしい本来の姿は、たった一つの道筋を通って立ち現われるということです。つまり、

1．自分の自由意志で取り組む。
2．自分のリズムで納得いくまで繰り返す。
3．全力を傾注する。繰り返しながら集中する。

4. やり抜いた後に、深い充実感や喜びを味わう。

この道筋を歩みぬく経験を、幼児期に積み重ねていくと、その人の奥底にある本来の善さが幾重にも現われ堅固なものになります。その結果、自己信頼、自己価値観、自己効力感、自尊感情などが自然に生まれ、自己が確立してきます。すると他人を大切にし、積極的に周囲に向かうようになります。それが正常化された子どもの姿なのです。この正常化された状態は、一回で出来上がるというより、「子どもの仕事」を通してらせん的に積み重なり確かなものとなっていくと考えるべきでしょう。

こうして、幼児期に培ったものは、その後の時期にいろいろな場面で特徴となって現われてきます。次に、どんな場面でその特徴がみられるかを見てみましょう。

四、今も、「正常化への道」を歩んだあの生き方です。

「ひとりでするのを手伝ってね！」と叫んだ小さいとき、その願いを聞き入れてくれる大人たちが周囲にいて、〈1〉自分の意志で取り組み↓〈2〉自分のリズムで納得いくまで繰り返し↓〈3〉全力を傾注し、集中することができ↓〈4〉やり抜いて深い充実感や喜びを味わう、という一連の経験をさせてもらったのがモンテッソーリ教育を受けた子どもたちです。この経験は、前述した「正常化」という実を結びましたが、その後の人生で次のような生き方になって現われています。次に、具体的な例を紹介しましょう。

娘が中学生になってから、私は学校の勉強だけでは不足だと感じて、学習塾に行くことを勧めました。しかし娘は、「塾には行かない。勉強は自分でする」と言い続けて、塾へは行こうとしませんでした。「塾に行けば、たぶんもっと良い点が取れるかもしれない。でもそれは、自分にとって意味のあることに思えない。自分のやり方でどれだけできるかが知りたい」ということでした。ピアノを習っていて、毎日帰宅後に何時間かの練習が必要でした。そのために、学校の勉強は授業中に憶えるべきものは憶える、と決めていたようです。ピアノの練習でも勉強でも、頼れるのは自分だという姿勢が感じられます。

（小山晴美）

高校生のとき、息子は自分で希望して友だちと一緒に学習塾に通い始めました。でも、一年間通ったら、「この塾は僕に合わない」と言ってやめてしまいました。そして、自分で次の塾を探してきました。そこは、塾のプログラムにしたがって勉強するのではなくて、自分で勉強して解らないところを教えてくれるという形式の塾でした。しかも、いつ行ってもよいということでした。つまり、主体的に学ぶのを援助してくれるという点でモンテッソーリ教育と共通していました。その塾に楽しく通って大学に合格、大学院に進みました。よく遊びもしましたが、よく学びもしました。自分で計画し、着々と実行しました。

（岡本篤志くんの母）

小学校三年生のときから少林寺拳法に通っていました。先日、練習後の帰り道で「ママ、今日で少林寺拳法やめてきた」といきなり言うのでびっくりしました。「わたし、夏期講習に行くって言っていたでしょ。パパもママも、それなら七月でやめていいと言っていたのに、先生にちっとも言ってくれないから、自分で言ってきた」

「七月でやめるというのは、七月いっぱいは通うことよ。ママも、先生には一応手紙も書いておいたのに。いったい、どう言ってやめてきたの？」

「お世話になりましたが、塾へ行きたいので、今日でやめさせてもらいます。でも、またやりたくなるかもしれませんから、そのときはよろしくお願いいたします、って言ってきたの」

「先生は、びっくりしたでしょ？」

「はい、わかりましたって。だいじょうぶよ！」


（英知子）

小学校四年生の息子は、興味をもったことにはもちろんですが、何事にも真剣に取り組み、すぐに集中します。自分なりに理解し納得するまで、のめり込んで没頭するという状態です。……そのためか、観察力もなかなか鋭いようです。虫や恐竜や動物などの細かい違いをよく知っていますし、瞬時に見分けます。それに好奇心旺盛で、以前とかげに興味をもったとき、口にくわえてみたそうです。「目で見ても触ってもつるつるしているようだけど、ほんとうにそうだろうか」と思ったのだそうです。結果はザラッとしていたそうで、それをクラスの一分間スピーチで発表していました。……

何でも自分のペースで楽しんでいます。例えば国語で「おうちの人に○○を読んで聞かせる」という宿題が出ると、わざわざ時間をかけて「無料招待券」を作ったり、お風呂に入るにも時間があれば遊び道具を物色して持ち込んでのんびり過ごしたりしています。友だちに合わせることもできますが、自分でやってみたいと思うことを選んで積極的に関わっていきます。その選び方がきちんとしているなあ、と親の私でさえ羨ましく思えます。

（磯田尚子）

長女は、数ヶ月後には中学受験があります。五年生になると、ほとんどの友だちが塾へ通うようになり、お稽古ごともやめてしまいます。それなのに、娘は五年生になってから、本人の希望でバイオリンを始めてしまいました。「塾へは行かない。家でやる」と自分で決めました。自分自身で学校の勉強も今まで通りにやり、バイオリンの練習も順調に進めておりましたが、成績は全体的に下がってしまいました。……

状況の変化に気づくと、自分なりに目標を設定し、宿題や勉強の仕方を考えて一生懸命取り組むという姿勢を基本的にもっているようです。親から見ると、やることがずいぶんたくさんあるなあ、明日までにできるのかなあと思うときでも、自分のペースで進めていきます。ムキになってとか、疲れ切っているとかいう感じはしません。すぐに結果を出すというのではなく、着実に物事を進めていくようです。

（篠笛智子）

自ら目標を立て、自分なりに頑張ります。中学受験では、自ら志望校を決め、それなりに努力をしていました。その甲斐あって、本人の希望通りの学校に進めました。また、小学校でも、先生方からリーダー的存在であり、困っている人がいると助けている、と聞かされていました。そして、今でも感心することは、靴は必ず揃えて隅に置くということです。当たり前のようなことかもしれませんが、これも幼稚園で身につけたことだと思います。

幼少時代にモンテッソーリ教育を通じて、何度でも挑戦して最後までやり抜く力やルール、マナーも身につけたように思います。そして、集中力もずいぶんついたように思います。

（毛利京子）

ここに紹介したのは、モンテッソーリ教育で身についた生き方・学び方がその後の学校生活で見られる例でしたが、次に、学校社会と異なる実社会で自分の夢を追求しながら生きている姿を紹介しましょう。

五、自立と自律が土台にあるから大きく羽ばたける！

モンテッソーリ教育によって「自立」と「自律」が身につきます。この二つの用語の発音が日本では「じりつ」と同じであることは面白いことです。

「自立」は「他に依存しないで生きる」ことで、日本の教育者たちはこの重要性を強調します。「自律」は「自分でできる」ことで、私がフランスでたくさんの教育者たちにたずねてみたところ、みんな「自律」が重要だと答えました。

モンテッソーリ教育は、「依存しないで生きる力」と「自分でできる術」を身につけます。これが土台にあると、社会に出て生きるとき、自分の夢を実現する道を進むことができるでしょう。ここでは、特に海外に旅立って行った例を紹介しましょう。

1 モンテッソーリ教育とそれを理解する家庭の支えが成果を生みます。

幼い頃からたくさんの習い事をしていましたが、高校時代は自分から積極的に内容を吟味して、自己の興味、性格にあう習い事を上手に探してきて、それらを両親に前向きにサポートしてもらってきました。高校二年生のとき、一年間、国費留学の奨学金（日米政府間交換留学制度）を得て、米国テキサス州にあるヒューストン市に留学するチャンスに恵まれました。これも自分で探してきたチャンスを両親がいつものように私を信頼してくれ、積極的に激励してくれたおかげだと思います。

米国滞在中は、自分を分析して、考えた十二の信条（例、全てのことに感謝、素直さ、謙虚さ、他人への尊敬、積極性、など）を部屋の壁に貼り、寝る前に、日常の自分の生活を振り返り、次の日の自己向上に活かすよう努力していたのを昨日のことのように思い出します。異文化の中へたった一人で初めて飛び込みましたが、苦難を試練と前向きに捉え続けたことと感謝の気持ちを常にもつよう心がけていたことで、自分の人生の中で一番輝いていた時期だったように思います。

就職（開発援助に関する仕事）も、結婚（スウェーデン人との国際結婚）も、現在の状況（ストックホルム大学　国際比較教育研究所　博士課程在籍）も、全て自己を知った上での己の選択の結果で、これがモンテッソーリ教育の成果とどこまで結びついているかは定かではありませんが、知的好奇心を大いに満たしてくれた幼児期の教育内容については鮮明に覚えています。

良質の幼児教育とそれを伸ばし励ます家庭環境の両輪が働いて、高い成果を生み出すものだと思います。モンテッソーリ教育と、それを理解する家庭で育った子どもは、高い自己評価をもち、人生設計をわりと早いうちからもち、それを実現すべく楽しんで努力することが多いと思います。

（カーシュ幹子）

2 一人でもたじろぎません。

（長女、長男、次男の三人は、モンテッソーリ教育をしているY幼稚園に行きました）

三人とも、近くの公立の小・中学校、公立高校に進学。塾に通わせることなく、その子の能力に応じたことをさせるのが我が家の教育方針でした。習い事はさせましたが、勉強のための塾は三人とも一度も行くことはありませんでした。自発的に勉強することが身についていましたので、ゲームばかりするとか、カバンを放り出して遊びに行くことはあまりなかったように思います。……（長男は、大好きな生物学で大学生活をエンジョイしています。……次男（十六歳）は、まだこれからの方向性は見えていないようです。……）

長女は、目標をもったらできるかどうかわからないけどやろうとする、非常に活動的、能動的な子どもでした。親も女の子だからというふうに育てなかったせいもありますが、中学、高校でほとんど将来の方向性を見つけていましたので、迷わず、大学は農学部に行きました。将来環境問題に取り組む、モンゴルに行って植林をすると高校を卒業するときに誓った言葉を本当に実行し、東南アジアに魅せられ、環境コンサルティングの会社に就職し、現在、フィリピンで仕事をしています。まだまだ一人前ではありませんが、今後も世界を仕事場にしていくのでしょう。

モンゴルに行くときもフィリピンに行くときも、また個人でラオスに行くときも一人でしたが、たくましいところは見事です。まだこれからどうなるかわかりませんし、苦労もしていると思いますが、良さを活かせればと思います。（馬場京子）

3 いつも前向きに行動できる力と慌てず判断する力で。

甥は小さいときから手先が器用で折り紙や（男の子なのに）編み物が得意でした。家族のイベントでは、飾り付け、料理、カード作りと様々に工夫するのが好きでした。目指していた芸大に入り、自分が一番やりたかったことに向かってスタートを切りました。尊敬する先生や親しい友人にも恵まれ、大学院に進みましたが、そろそろ卒業でしょうかと思っていたころ、突然、留学しようかなと言ったと思いきや、その二ヶ月後には米国の大学へ旅立って行きました。準備時間が短く、日本出立時には、住む所も決定してはいませんでしたが、なんとか現地について、三日後には契約をしたようでした。私たち家族は不安でしたが、生き生きと行動していたようです。

彼の荷物は、寝袋とフライパン、何点かの食器と食材の日常生活用品とパソコンと本のみでした。しばらくは、机も椅子もなく、スーツケースが机の生活だったようです。……

彼は、すぐに日本から派遣されてきた判事さんや裁判官の方と友だちになり、生活に必要な物を準備する手伝いをしてもらい、車がなければ行けない所へ買い物に連れて行ってもらったり、一緒にドライブに行ったりしていたようです。彼はよく友人たちを自宅に招いてホームパーティをし、自分の考えた手巻き寿司などを作ったようです。

米国での大学生活を終えて、卒業時に「リーダーシップとコミュニティへの貢献賞」（Award for Leadership and Community Participation）という賞をいただきました。この賞は、ロースクールの学生のうち、リーダーシップを発揮し、留学生のために尽くした個人に与えられる賞だそうです。彼は、日本語を教えることを通して様々な国の学生の相互交流を促したのが受賞の理由だそうです。自分自身、専門用語が飛び交い早口の教授の講義を聴き取るのが大変だったようですが、モンテッソーリ教育で身につけた行動力や判断力、そして自分で解決する力を駆使して何事も楽しんでやっていたようです。

（大場光子　津田雅也くんの叔母）

モンテッソーリ教育の中で、「自分で選ぶ、目標を決める」→「自分で選んだこと、目標にしたことを実現するために、困難があっても努力し続ける」→「全力をかけて困難を

乗り越え、充実感や喜びを味わう」という経験を幾重にもした子どもは、学校生活においても、社会に出ても、同じパターンで生きているのです。

次に、幼児期の経験が、なぜその後の生き方に影響し続けるのかを、見ていきましょう。

第三章

モンテッソーリ教育のどの経験が脳に効いたのですか？

一、「前頭連合野の働き」に合致したのです。

1. 幼児教育と脳

モンテッソーリ教育を受けた子どもたちのその後を書いていただいたものを整理していた二〇〇〇年頃、世間では「幼児教育と脳」というテーマが話題になり始めていました。一九八〇年代までは、右脳教育とやらが盛んでしたが、一九九〇年代になると前頭葉に注目が集まってきました。ある脳科学者が、「一九七〇〜一九八〇年代は、話題は脳の右か左かだったが、一九九〇年代以降は前か後ろになってきた」と笑いながら言われたことが印象に残っています。私も素人ながら、解る範囲内の脳科学の本に手を伸ばし、特に前頭葉の働きに興味をもちました。なぜなら、モンテッソーリ教育を受けた子どもの特徴が、前頭葉の働きと合致するように思えたからです。

逆に、前頭葉を欠損した人の特徴が、当時「新しい荒れ」として話題になっていた小学生たちの状態と符合するところが多いのも気になりました。

前頭葉を事故や病気で損傷するか除去し、前頭葉が機能しなくなると、その人の性格が変わってしまい、次のような傾向が現われるというのです。

- 一人で判断できない。
- 怒りのコントロールができない。
- 「これをしよう」と自分で決意できない。
- プランを立てることが難しい。
- 順序立てて考えることができない。
- 自分が次に行動すべきことがイメージできない。
- 意欲がない。
- すぐ忘れる。
- 無計画、先見性がない。
- 責任感がない。
- 節度に欠ける行動をする。

・行動が単純な紋切り型で、惰性的。
・思考内容が秩序立っておらず、断片的な推量しかできない。衝動的。
・周囲に対して適応性がない。
・人格が平板化してくる。

その頃、ある小学校の先生たちと、この前頭葉欠損の状態について話していたとき、一人の先生が「うちの子たち、前頭葉が育ってないなあ」とポツリと言いました。

また同時期、これと対照的な出来事がありました。これについては第一章でも述べましたが、かいつまんで繰り返します。

日本モンテッソーリ協会（学会）のシンポジウムで、ある脳科学者が前頭連合野について最先端の知識を披瀝し、「脳を育てる教育」を強調しました。そんな話を聞けば、誰でも「では、その前頭連合野なるものを上等にするには何をすればよいか」と訊きたくなるものです。フロアから一斉にその種の質問が出ましたが、当の脳科学者の答えは曖昧で具体性がありませんでした。そのために会場は一瞬しらけた空気になりました。そこで、私がたずねてみました。

一九八五年に出版した拙著『ママ、ひとりでするのを手伝ってね！』（講談社、一四八頁）に書いたモンテッソーリ教育を受けた子どもたちに共通する特性は、まさに今（当時二〇〇一年）脳科学者が強調する前頭連合野の働きと重なるように思えるが、このことから前頭連合野がよく育っていると考えてもよいかという質問をしたのです。そのとき挙げた特性とは次のようなことです。

- 順序立てて、ものごとを考えることができる。
- なにをするにも、計画を立て、順序を踏んで、着実に実行する。
- 段どりがよい。
- 先を見通すことができる。
- 状況の読みとりが速く、臨機応変に対処することができる。
- ひとりでたじろがない。責任ある行動ができる。

この質問に対して、その脳科学者は、まさに、そのようなことが前頭葉がよく育っていることなのだと答えたのでした。その答えを聞いてモンテッソーリ教育をしている人々は喜びました。

一方に「うちの子たち、前頭葉が育っていない」と嘆く教師たち、他方に「うちの子たち、前頭葉が育っている」と喜ぶ教師が、同時期にいたのです。このことは、二種類の子どもたち、二種類の教育が、同時期に存在していることを示す出来事でもあります。

二種類の子どもとは、一方、自己コントロールがとれない、落ち着きのない、あやふやな状態で生きている子どもたち。他方、自己が確立していて、計画や見通しをもって着実に生きている子どもたち。

二種類の教育とは、一方は、子どもの成長にとって益々不利になっていく環境から子どもを守ることができず、時代の歪みから子どもを救う手立てがない教育、他方は、時代に流されず自然の法則に即して子どもの生命の展開を助ける方法をもつ教育。

この前者は、第二章で述べた「逸脱した状態」の子どもを放置する教育であり、後者は、「本来の状態」を実現する環境と援助がある教育です。

「本来の状態」になるというのは、人間の脳の特徴である前頭葉がよく機能することのようです。その事実を具体的に見てみましょう。

2. それって前頭連合野の働き？

専門家から前頭葉の働きの定義を簡潔に要約して教えていただいたことがあります。

（『お母さんの工夫』文藝春秋、一一六〜一一七頁参照）

時間的・空間的関係の記憶に基づいて、
言語的、空間的プランを生成し、
プランの実行に際しては、
状況に応じて反応を切り替えていく働き。

この定義に照らし合わせると、モンテッソーリ教育を受けた子どもたちの行動が、いかにも前頭葉を働かせているように思えます。そんな場面を次に紹介しましょう。

状況判断し、臨機応変に対処します。

長男が小学校一年生のときのスキー場での出来事です。初めは私と娘と一緒に滑っていましたが、長男の滑り方が速いので、ひとりでリフトに乗って慣れたコースを下りてくるようになりました。ところが何度目かに、別のコースに下りてしまいました。初めて目の前の景色が、それまでとは全く違うところに下りてしまったわけです。初めて「大迷子」になってしまったのでした。

長男が行方不明になったので、私や主人は何度もコースを探したり、場内放送を流してもらったりと、大変心配しました。長男は、下りてきた場所が違うことに気づき、スキーを脱いでホテルのフロントまで行ったそうです。そして係りの人に、「お父さまとはぐれてしまいました」と言って、自分の滑っていた場所を地図で説明したそうです。

初めて窮地に陥った際に、ひとりで判断し、取り乱さずに適切な行動を取ることができた点は、小学校一年生にしては立派だったと感心しました。後で、「少しベソかいちゃった。ママにもう会えなくなっちゃったら、どうしようと思った」と本音をもらしていたのは愛らしく思いました。

（森佳子）

小学校二年生のとき、その日は研究授業だったのですが、大雪が降って通学のバスが渋滞しなかなか動きません。息子は、「ここまで来るのに〇分かかった。このままバスに乗っていたのでは間に合わない。研究授業の日に遅刻すると先生が困るだろう」と判断し、途中で下車し、学校まで歩いて行ったら遅刻せずに済んだそうです。

（井上洋子）

バス通学で、乗り越したり、乗り間違えたりと、低学年の頃は、よく失敗もしていましたが、周りの人に聞きながら、全部自分で解決し、次のバス停で乗り換えて、別の路線で学校に行くという判断を低学年のうちからしていました。

（中谷玲子）

ここに挙げた例は、予測しなかった状況に直面したとき、今の自分の位置を見極め、時間的、空間的記憶を駆使して、次にすべきことを自己決定している姿です。このような振る舞い方は前頭葉の働きだと言えるでしょう。

計画性。目標を立てて実行します。

計画を立て、順序立てて着実に実行します。夏休みの宿題など、手際よく段取りします。ドリルは毎日一頁ずつで何日までに仕上げ、自由研究はいつどこへ調べに行って製作は六日間で仕上げ、読書はこれだけの本を毎日決めた時間に読む、などと計画を立て、着実に実行します。

私が「まとめてやってしまわないの？」とたずねたら、「だいじょうぶ。計画立ててるから」と落ち着きはらって同じペースで取り組み、八月二十日頃には全部終わったようです。

（松井環）

小学生のとき、翌日の時間割の準備は必ず前日にやり、忘れ物はほとんどありませんでした。短期の計画もですが、将来に向かって長期の計画も自分で立てているようです。自分勝手な希望に終わらず、年長者の助言も聞き入れたり、資料を探したりもして、修正したり、変更したり、柔軟に臨んでいるように見受けられます。

（小迫久美子）

何をするにも自分のペースで焦らず、計画を立てて実行します。例えば、テスト勉強で人より一歩遅れていても、最後まで自分流を貫き通します。決して焦ったりしないで、落ち着いて計画を練り直し、必ず最後には良い結果を生むようにしています。

（立川節子）

前頭葉が損傷している人は、衝動・思いつきで動きます。それに対し、計画を立てて、目標をもって行動するのは、前頭葉の働きなのでしょう。

段取りがよい、見通しをもって行動します。

台所仕事では私の片腕です。段取りがよく、今日の献立で用意するものがよくわかっています。トンカツをするときは、私が言わなくても用意し始め、衣がつけやすいように、小麦粉、卵、パン粉、つけたものをいれるバットが並べてあります。ちなみに私はこれらを順に並べたりしない大雑把な性格です。

（占部美保子）

毎年通知表に「先の見通しをもって行動する」と書かれることが長男と長女に共通しています。長男の五年生の学年末の個人面談で、先生からたずねられたことがありました。「自分で考えて調べ、段取りよく学習を進めていく力がすばらしい。何か英才教育のようなものをしていたのですか？」私が「モンテッソーリの子どもの家に通っておりました」と答えると、「なるほど」と納得された様子でした。……

家で「○○に行ってみよう」という話がでると、すぐに時刻表や道路地図を調べます「電車なら○○線に乗って、××駅で乗り換えて」とか「車なら国道○号線を△△交差点まで行って……」とか経路を探して計画を立ててくれます。

（塩塚好江）

娘が四年生のとき、私が夕飯のお米もとがないまま外出し、帰るのが遅くなったので困って電話をしたときのことです。「遅くなってごめんね。今から三十分で帰るけど、お米といで……」「ご飯がないと思って、三合炊いておいたから、もうすぐできると思う。それと雨が降ってきたから洗濯物を入れておいたし。じゃあね。気をつけてね」

人に用事を頼むのもうまいです。例えば、プールがあった日に、翌日もプールがあるので、水着を早く洗濯する必要があり、しかも友だちと遊びたいときには、洗濯機に洗剤を入れて、いったん回して洗剤を溶かしながら自分はお風呂に入り、水着や着ていた服を洗濯機に放り込み、そこで私にたずねます。「ママ、これからひま？」「ひまってことないけど、別に用事はないよ」「じゃあ、私は○○ちゃんと遊ぶし、悪いけど水着を干しといてくれへん？」もし、私に用事があったり、虫の居所が悪かったりすると、「三十分したら遊びに行くし」と自分で干してから出かける。

（英知子）

ここに挙げたような段取りのよさや見通しをもって行動する力は、時間的・空間的記憶に基づいて今から起こりうることを予測し、実行するので、前頭葉を働かせた行為だといえましょう。

では、子どもたちが今までやってきたどの経験が、このように前頭葉をフルに働かせるようにさせたのでしょうか？　次に、それを見ていきましょう。

二、「提示」という教え方が脳に効いたようです。

1.「して見せる」という「提示」が決定的な影響を与えたようです。

モンテッソーリは「手」を使う重要性について次のように述べています。

子どもの知能は手を使わなくてもある水準まで達するのですが、手を使う活動によって更に高い水準に達し、自分の手を使う子どもは更に強い性格を有する、と言えます。ですから、全く精神的な事実と思える性格の発達も、子どもが手を使って環境に働きかける機会をもたなければ幼稚な段階にとどまってしまいます。……子どもが手を使えない場合には性格が極めて低い水準にとどまり、従順ではいられず、積極的でなくなり、不精で陰気な性格になってしまうことがはっきりしました。ところが、自分の手で作業できた子は、明瞭な発達と性格のたくましさを示します。

（『創造する子供』エンデルレ書店）

このように言うモンテッソーリは、実際、子どもが手を使って活動する環境を整えました。しかも、その整えられた環境に子どもを置くだけでなく、そこにある物を使う「使い方」をわかりやすく「して見せる」術を大人たちが心得ていました。

その「して見せる」技術をモンテッソーリ教育では「提示」と呼びます。それは、教えたい活動を取り出して、子どもにわかるように、ゆっくり、丁寧に示すやり方です。

それには次のような配慮がなされています。

1. 教えたい活動を一つだけ取り出す
2. 一連の動作を分析して、一つひとつの動きを切り離す
3. 一つひとつの動きを正確に、ハッキリ示す
4. ゆっくり、順序立てて、意識して、やって見せる
5. その際、言葉を伴わない（動作と言葉を離す）

モンテッソーリ教育では教具の扱い方だけでなく、日常生活の立ち居振る舞いの仕方の全てを、このようなやり方で教えてもらうのです。靴の片付け方、ご挨拶の仕方、洋服の着脱、音を立てないで座る、立つ、落ち着いて歩く、などです。その一つひとつを黙って、静かに、心をこめて、して見せていただきながら、子どもは、「どうすれば、自分ひとりでできるか」「どうすれば美しく振る舞えるか」を、ジーッと見ながら、見たことを自分で実行してみながら、繰り返し繰り返しやってみながら、自分のものにしていきます。

こうやって、自分が一人でできるように教えていただいた子どもたちは、自分より小さい子に教えるときに、その小さい子がよくわかるように上手に教えます。「提示」という技法で、わかるように順序立てて「して見せて」もらった経験の積み重ねが、今度は人に教えるときの教え方になるのです。

「教え方」が上手なのには大人が感心します。

年下の子に教えるときの教え方には、ほんとうに感心します。その子のプライドを傷つけずに、できないところだけを手伝ってやります。

小学校四年生の娘が、弟（小二）や妹（一歳七ヶ月）の扱いが上手なのには感心します。言葉がわからない場合には、※「三段階レッスン」のように丁寧に教えてくれるので、弟妹も理解しやすいようです。また、弟妹ができないことがあると、できるところまで静かに見守っていて、できないところを自分でゆっくり丁寧にやって見せてあげます。

（佐々木由佳）

※「三段階レッスン」

子どもに物の名称を教えるのに効果がある教え方で、三つの段階を踏みます。まず、教えたい物を見せたり、聞かせたり、触れさせたりなど五感を使って経験させ、それに伴う名詞か形容詞を発音する。次に、物と名称との関連が子どもに理解されているかどうか、質問を繰り返し、名称と物との一致を意識の中に定着させる。最後に、物の名称を発音させ、物と名称が一致したことを確認する、というものです。

具体的には、次のページの図のようにします。

〈 3段階レッスン 〉

第1段階

これは
○○です

具体物を示し、
名称をはっきり発音する。

第2段階

○○は
どれですか？

たずねたものに対応する物を
選ばせる。
1回だけでなく、位置や順番を変えて、
繰り返したずねる。

第3段階

これは
何ですか？

子どもが物の名称を
答えることによって、
物と名称が一致したことが
確認できる。

例えば、カレーライスを作っているときでした。タマネギが丸のまま置いてあって、下の子（三歳）がどうやって半分にしたらよいか迷っていました。すると上の子（六歳）が半分に切り、皮を少しはがして切りやすくしました。下の子がもう自分でやれそうだと思って「やる」と言いかける直前に、上の子が「はい、〇〇ちゃんやってみる？」と声をかけました。下の子はタイミングよく声をかけられたので、気持ちよく作業を続けられました。

（山田真樹）

妹が勉強をしていて困っていると、正解は言わずにヒントだけを与えます。すべてやってやるのではなく、できないところだけちょっと手助けするという感じで、その判断が絶妙なように思います。

（山本葉子）

二、三日前、妹（四歳）が自分の名前を書いていました。私は教えた覚えがないので聞いてみると、姉（七歳）が教えたとのことでした。おぼつかない妹に「あいうえお」や新しい玩具の使い方を教えるのも私より上手で、丁寧に順序立てて教えることができるようです。

（松本珠美）

「提示」という「教え方」が、理解力や思考方法に影響しています。

小学生なのに自分より小さい子や弟妹に教えているのを見ていると、その教え方が、実に上手で大人が感心してしまうという言葉はたびたび聞くことです。その教え方には共通性があります。教えることを「分析して」、分析された要素を「順序立て」て、相手にわかるように示しているというのです。小さいときに、このように教えていた子が、大きくなり、自分の教え方の特徴を語れるようになった文を第一章で紹介しました。モンテッソーリ教育を受け、今は大学二年になっている高橋恵生さんの言葉をもう一度取り上げてみましょう。

小さい頃から人にものを教えるのが得意です。小さい頃は毎日、弟や近所の年下の子たちの面倒を見ながら、色んなことや遊びを教えていました。私の場合、人に何かを教えるとき、まず自分の中で教えることのある程度の論理的な段階が出来上がった上で、人に説明しているつもりです。ちょっと言い方がおかしいかもしれませんが、あらかじめ自分の頭の中にプロトコル（原案）を作成して、そのまま順に口に出しているという感じです。……また、長期間にわたって一つのことを教えるときには、段階を踏んでできていけるようになれば大丈夫とある程度目処をつけ、一気には教えないようにしています。……これは成長してから身についた姿勢ではなく、幼稚園時代からのようです。

幼稚園時代に「提示」という教え方をしてもらった子たちは、自分がやりたいことが目前で「順序立て」て「ゆっくり」示されるのを、ジックリ見て、自分で見た通りに実行してみて、何回も繰り返しやってみながらできるようになった経験をもっているのです。だから、自分が人に教えるときも、同じようにします。教える目的とそれを実現するための動き全体をよく理解し、その過程を構成する動きを分析し、順序立てて、相手に示すのです。このように説明すると理屈っぽくなりますが、モンテッソーリ教育の「提示」という技法は、「動き」の目的と全体を理解し、目的実現までの過程を分析して、要素をはっきり孤立化し、順序立てるもので、教師たちは何を教えるときにも必ずこの原理に基づいて、意識して丁寧にすることを心がけています。

「どのようにすれば自分一人でできるか」を知りたかった時期に、全てをこのように教えてもらう経験を積み重ねてきた子どもたちは、「教え方」が上手なだけではなく、「理解の仕方」「処理の仕方」も論理立ってきます。前述の高橋恵生さんは「教え方」だけでなく、「考え方」も次のような特徴があると自分で語っています（第一章二、1）。「私は、頭の中で自分の理解に基づいたある程度の道筋を立てて物事を考えることが他の人より一歩前に出ているような気がします」と。

そのように、幼稚園時代に「して見せてもらう」（提示）という教え方をしてもらったことが、その人の「理解の仕方」「考え方」などに影響し、その影響が大人に至るまで続いているのはなぜでしょうか。「提示」をしてもらっていたとき、子どもの脳の中で何かが起こっていたにちがいありません。

「先生がすることをよく見て、瞬時にその通りに再現できる」のです。

モンテッソーリ教育を受けた子どもたちがスポーツで優秀な成績をあげているのも特徴の一つです。小学校から高校まで、スポーツが得意、スポーツ大会に出場する、上位の成績をとる、「ラグビー部で大活躍」「サッカーで奮闘」「チアガールのリーダー」「インターハイに出た！」「オリンピックに出た！」とスポーツでの活躍を多く聞きます。

モンテッソーリ教育のお仕事で手足をしっかり使ってきたので、自分の身体が自由に使えるということが運動面で役立ち、本人の大きな自信になっています。小学校の一年から六年までリレーの選手をつとめ、運動会で活躍しました。四年からは体操クラブに入り、四月には側転もできなかったのに、五月末の運動会まで二ヶ月足らずで、バック転をこなすという驚くほどの成長をしました。顧問の先生の指導と上級生の演技を見て「私もああなりたい」と思った気持ちがあったので、週一回のクラブ活動の時間だけにもかかわらず短期間で成果を出せたのだと思います。これもモンテッソーリ教育が与えてくれた力だと感謝しています。

（木下弥生）

また音楽やバレエなど芸術関係でも、受験や厳しい学業と両立させて楽しんで練習に打ち込む姿がたくさん報告されています。これらに共通していることは、コーチや先生がして見せてくださることをよく見て、そのポイントを瞬時に捉えるという点です。

次女は長くバイオリンをやっており、たいへん素晴らしい先生についております。同じ先生についていらっしゃる子どもたちは、ほとんどが皆、コンクールや世界を目指していらっしゃいますので、毎日二時間から四時間も練習なさっていらっしゃいます。次女は音楽の道に進もうとは思っていないようで、ほとんど練習をしません。試験前やレッスン前には非常に集中して短期間でやり、なんとか他のお子さんと同じようになるように自分で調整しています。

これまで他のお子さんのレッスン風景を拝見する機会がなかったのですが、たまたま先月試験があった関係で、数人のお子さんのレッスン風景を拝見することができました。そこで感じたことは、私が普通だと思っていた次女の能力はモンテッソーリ教育を受けた者ならではのもの、すなわち、「先生がすることをよく見て、瞬時にその通りに再現できる」というのは特別なものであり、普通にはできることではない、ということでした。素晴らしい先生なので、モンテッソーリ教育の「提示」のごとく、こうした音がほしい、それであれば、こうした指の形でこのように弓を動かして、ということを分析して見せてくださるのですが、他のお子さんたちは、見てもその場ではなかなかできず、「では、次回までに練習していらっしゃい」ということで、毎日数時間の練習ののちにできるのですが、次女はその場でほとんどできてしまうのです。

（田中昌子）

これに続いて田中さんは、「こうしたことは、うちの娘だけではなく、数多く報告されていることです。おそらく、これはバイオリンだけでなく、ピアノでも、ダンスでも、水泳や体操などでも同じように発揮される大切な能力です」と書いておられます。

実際、ある習字の先生も言っていました。「モンテッソーリ教育を受けてきた子は、まず書道をするのに必要な姿勢を整えることがすぐにできる。お手本を細部に至るまでよく見て『はねる』『とめる』『力をぬく』がきちんとできるので、確実に速く上達する」と。

2.「提示」を受けているとき、脳の中で何が起こっていたのですか？

「真剣に」「食い入るように」「ジーッと」見ることが共通しています。

「できるようになりたい」という願望が強かった幼児期（随意筋の調整期）には、「やりたい」けど、「どうすればよいかわからない」ことを、「やり方」を見せてもらうとき、「真剣に見る」「食い入るように見る」「ジーッと見る」という見方が共通しています。「動き方」の一つひとつを注意深く見ているのです。そして、「やれそうだ」と思うや否や、すぐに手を出して自分でやり始めます。拙著『お母さんの「発見」』（文藝春秋、一六三～一六九頁）にあるその場面の要所だけ取り出すと、次のようなことです。

(1)私はTくんの隣に座って、「はさみで切る」作業をしてみることにしました。何の声もかけずに、ゆっくりとやり方を見せようと思ったのです。Tくんはそんな私に気づき、ジーッと食い入るように私の作業に見入りました。それから、Tくんは自分のハサミを取り上げました。〔三章三の1、に続く〕

（小野葉月）

(2)私は「じゃ、教えてあげるね」と言って、できるだけわかりやすく提示を始めました。Kちゃんは熱心にじいっと私の提示を見つめていました。彼女は最後の片付けまで、一言もしゃべらずにじいっと見つめ続けました。最後に私が「やってみる？」と聞くと、ようやく「やってみる！」と嬉しそうに声を出しました。

〔三章三の1、に続く〕（斎藤明子）

(3)友だちを殴ったり、大声を出してふざけたり、部屋から飛び出していくことを繰り返していたKくんが、ある日珍しく友だちの「お仕事」の様子を見ていました。いつものKくんとは別人みたいに、何かにとりつかれたような真剣な表情です。そのお仕事は「のり貼り」です。Kくんは、その友だちが終わるまで、一歩も動かずにずっと見ていました。その身体中から「そのお仕事がやりたい」というエネルギーがあふれ出ていました。「Kくん、このお仕事がやりたいの?」と私が聞くと、「うん」という返事が返ってきました。それまで、どんなに誘っても拒否していたKくんが「うん」と言ったのです。私は「のり貼り」のやり方をKくんに提示しました。Kくんは目を輝かせ、いきいきとした表情で一部始終を見ていました。これが、ほんとうにあのKくんかしらと思わせるほどでした。私の提示もKくんに導かれるように、いつもよりもっと深い境地に達しているように感じました。

提示した後、Kくんは、私の提示通りにのり筆をもち、のりをつけ、台紙の図形に合わせてピタリと貼りました。そしてKくんは「やった!」と言わんばかりの、はちきれそうな笑顔をして、私のほうを見ました。その後、また「のり貼り」に戻り、それからは私のほうを見ることなく、何回も何回も繰り返しました。次の日も、その次の日も、またその次の日も、Kくんは「のり貼り」を続けました。

このお仕事に取り組んでから、Kくんは少しずつ変化していきました。それまでのかたくなさがなくなり、別人になった、いいえ、本来の良いKくんが現われてきたのです。Kくんは椅子の出し入れや物の持ち運びも、意識してやるようになりました。また、初めはできなくても、練習すればできるようになることを知ったようで、運動会では跳び箱の五段を見事に跳びました。Kくんは一八〇度変わりました。

（小坂有香）

最後の事例だけ、提示の後、それに取り組み、繰り返し、新しい生き方が立ち現われたところまで、引用しました。

- 食い入るように「真剣に見ていた」あいだに、脳の中で何が起こっていたのか。
- 「繰り返し」同じことをやったのは、脳の中の何がそうさせたのか。
- 別人のような新しい人が立ち現われたということは、脳の中で何が起こったのか。

そのことを次に見ていきましょう。

「ミラーニューロン」が働いていたのではないでしょうか？

子どもは、まるで鏡に写したように大人がしているとおりにします。例えば、雑巾の絞り方を分析して、して見せるとき、次のようなプロセスがあります。「雑巾の上の両端を左右の親指と人さし指で持つ」→「内側に曲げて半分に折る」→「左手を離し、右の親指と人さし指で上を持つ」→「左手の親指と他の四本指の間に雑巾の上のほうを載せ下から包み込むようにする」→「右手を離して雑巾の下のほうを親指と他の四本指とで下から包み込むように握る」→「左手のひらと右手のひらの中に包み込むように握られている雑巾を、ゆっくりひねる」

この一連の流れを、子どもの前でゆっくりして見せると、子どもは実に正確に、どこを持つか、どこで離すか、どこを押さえるか、などをよく見ています。そして、まるで鏡に写したように正確に行動を真似ることができます。

このように正確に見て、その通りに実行する力は何に起因しているのでしょうか。対象となる「動き」を見ているとき、脳の中で何が起こっているのでしょうか。

まるで鏡に写したように正確に見た通りに実現できる力に関連して、脳科学界で注目されている「ミラーニューロン」の話題に触れてみましょう。脳の特定領域で、単純な運動ばかりでなく、目的指向の運動行為（つかむ、持つ、など）にも反応して働くニューロンが発見されたというのです。それは、最初から探していたわけではなく、ちょっとしたハプニングで見つかったというもので、そのときのエピソードは有名です。

脳の研究者たちが、サルの脳神経の反応性を測定していて、サルが動かないように実験椅子に縛っていたそうです。途中で研究者たちが休憩をとってアイスクリームか何かを食べていたら、研究者がスプーンを口に持っていくたびに、それを見ていたサルの脳で、ある神経が活動したのだそうです。その神経を詳しく調べてみたら、なんとサル自身が何かを口まで持っていくときにも反応する神経だったそうです。これは、自分であろうと他人であろうと関係なく、ある「しぐさ」に対して反応する神経なのです。だから「ミラー（鏡）」の神経という名前がついて「ミラーニューロン」と言われるのです。

この発見は一九九四年、イタリアの神経生理学者リゾラッティによってなされましたが、翌年の一九九五年にはヒトに対して行った実験で、運動前野の腹外側部にミラーニューロンがあることが明らかになったそうです。ある行動を他人がやっても、自分がやったときと同じように「ミラーニューロン」の作用で脳内の同じ領域が働くというのです。つまり、ミラーニューロンが他人の行為を自分自身の内面の行動に対応づけることによって、自分の行為と他人の行為を結びつける役目を果たします。その結果、他人が行う動作の意味を自分で理解し、この理解に基づいて適切な反応を作り出すのだというのです。

ミラーニューロンが特に活性化するのは、手や口といった体の一部が関わる特定の運動行為、つまり対象物への働きかけを観察したときだといいます。しかも、観察した行為だけでなく、どんな意図でそれが行われたかも捉える、つまり、「行為者」と「観察者」の両方に共通する行為の意図的側面も捉えるというのです。

脳科学の専門的な内容は私にはよくわかりませんが、ここに引用した程度のことなら、子どもの事実からピンときます。例えば、教師や親が子どもに「提示」したい活動があるとき、その人の中には「意図」があります。「これができるようになってほしい」とか「ここを正確にしてほしい」とかです。だからこそ、ゆっくり、はっきり、丁寧に、順を追って「動き」を示します。教師や親が、愛のあるあたたかい心で子どもの前で「動き」を示すとき、それを見ている子どもは、「動き方」を捉えるだけでなく、それを実行している人の意図まで捉えるものです。

毎日、日常生活の些細な行動、例えば、「ボタンのとめ方」「ひもの結び方」「靴の揃え方」「カバンの片付け方」などから、複雑な動作の組み合わせからなる行動、例えば、「花を水切りして生ける」「洗濯して干す」などに至るまで、あらゆる日常生活の行動を目的に沿ってきちんとできるように、「提示」という教え方で丁寧にして見せ、それをよく見て、自分で実行するよう努めていたとき、その子の脳のミラーニューロンは、いつも生き生きと働いていたと推測することができるのではないでしょうか。

「ワーキングメモリ」を働かせる機会がいっぱいだったのです。

ある目的のある行為をするとき、それを実現するまでの一連のプロセスを、「あそこを持って」「次はここで持ち替えて」と、鏡に写すように見ますが、それを実行に移すためには、一つひとつの「動き」を記憶に留めることが必要です。ここで「記憶に留める」というもう一つの働きが出てきます。この「記憶する」ことは、「ワーキングメモリ」という領域の働きにかかっています。

「ワーキングメモリ」とは、何かをしようとするとき、必要な情報を一時的にためておく場所、つまり「作業台」のようなものだと言われています。「作業台」というのは、作業をするときに必要なカッターやハサミやのりなどを載せる台が必要なように、ある行動をするために必要な情報を一時的に載せておくための台のような場所としてワーキングメモ

ワーキングメモリ

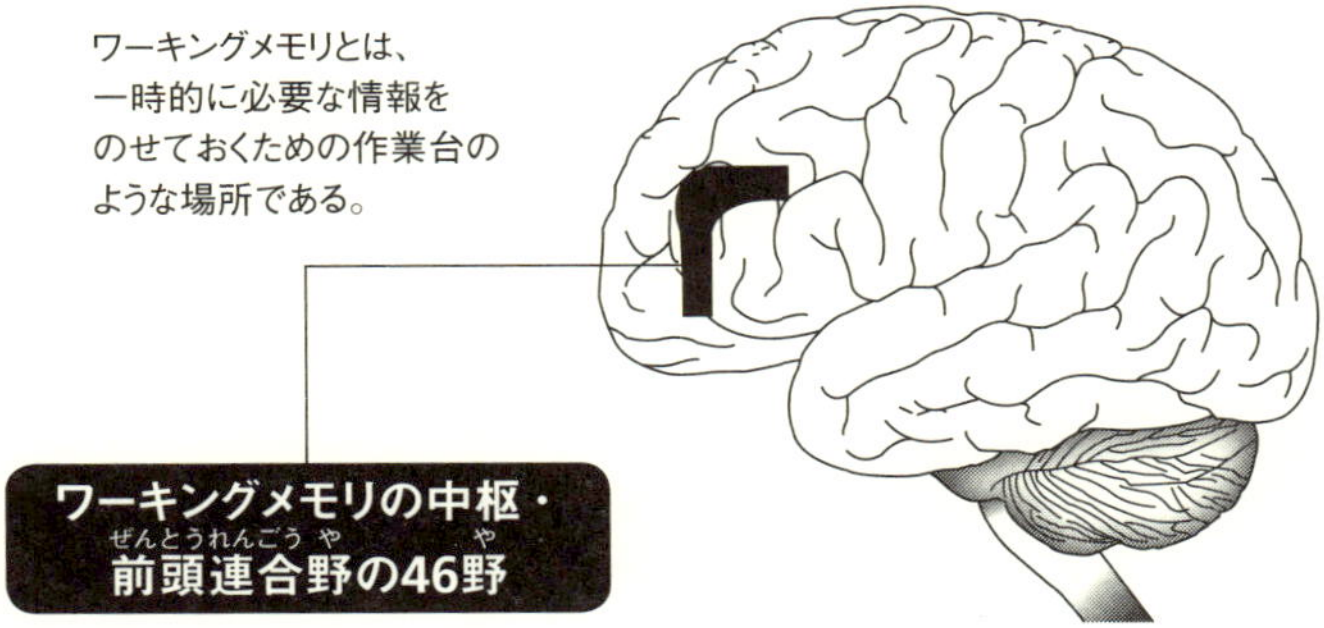
ワーキングメモリとは、
一時的に必要な情報を
のせておくための作業台の
ような場所である。
ワーキングメモリの中枢・
前頭連合野《ぜんとうれんごうや》の46野《や》

リが使われるという意味です。

モンテッソーリ教育のクラスには、やりたくてたまらなくなるような敏感期（おおよそ三歳から六歳）に対応した教材や教具がたくさんあります。それらを使うには、その教材や教具の目的に沿った使い方や順序があります。それで、子どもたちは、自分が選んだ「物」をどのように使うのかをたずねます。すると、先生が目的に向かってどうすればよいかを「提示」してくれます。

まず、道具をどこに置けば最もやりやすいか、どんな道具を揃えるとよいか、どこから取り掛かるとよいか、その道具はどこを持つのか、どのように力を入れるのか、出来上がった物はどうするのか、やり終わったらどのように片付けるのか、など、長い仕事のプロセスを子どもは、しっかりと「見て」それを「記憶する」のです。そして、その記憶を辿って仕事を進めて行きます。

このとき、ワーキングメモリを大いに働かせているのです。子どもたちは、先ほど提示してもらったことを思い出しながら、つまりワーキングメモリを働かせながら、お仕事をします。一連の長いプロセスのお仕事をしている子どもたちの脳の中では、ワーキングメモリが生き生きと働いているはずです。

脳の中でワーキングメモリを担当するのは、前頭連合野の46野というところです。必要な情報をいったんここに集め、その情報をもとに、前頭連合野が行動を決定し高次運動野に指令を伝えるのです。

前頭連合野は、五感などから得た感覚情報を集約して、自分の周りで何が起こっているのかを把握します。そして、体の各部分に、どのように動いたらよいのか指示を出す、いわば司令塔のような役目をします。このように前頭連合野は、情報が集まる中心地なので、ワーキングメモリを置く場所として最適なのです。だから、ある目的に必要な情報を、ワーキングメモリに集めて、プランを練る。そして、プランができたら、行動に移すことになります。

そのほか、自分の置かれている状況を判断し、的確な行動をとるなど、それぞれの瞬間ごとに使われます。前頭連合野が、ワーキングメモリに集めた情報を分析し、行動を決定するのです。

「お仕事」をするために「提示」をしてもらい、それを記憶し、自分のリズムで実行することを毎日繰り返しながら幼児期を過ごした人たちは、その後の生き方において、まさに「前頭連合野の働き」といえる行動をとるのが共通の特徴です。この三章の一で挙げた特徴は、「提示」をよく見ていたとき「ミラーニューロン」が動き、ワーキングメモリを働かせながら「お仕事」をする日々を積み重ねるうちに、前頭連合野の神経回路が豊かになった証ではないでしょうか。

ここで、そのことを確認させるような事例を、もう少し挙げてみましょう。

「今までの経験や学習したことに関連させて、よく考えて発言しています。友だちの発言内容をよくつかみ、付け足したり違いを見つけたりできます。思考力の高さに感心してしまいます」と、先生から言っていただきました。

（宮城留美子）

学校で何かを作るときなど、あらかじめ自分でどのように完成させるかイメージし、必要なものをどんどん用意するのには感心してしまいます。そういうときに、「〇〇みたいなものを作りたいのだけれども、何がいるかなあ?」という相談を受けたことはありません。こういう工作や研究資料づくりの際には、友だちが使いそうなものまで持って行きます。

（豊田久美）

「子どもの家」に在園中の妹に、「子どもの家」で火事にあった場合どうしたらよいかを、絵入りで描いて説明していました。さらに「子どもの家」に持って行って、友だちにも見せるように勧めていました。これを見ると、こういう場合にはこう、もしこうなってしまったらこう、などと考えがとめどもなく溢れているのがわかります。位置関係もよく考えて、じつに現実的に想像力を駆使しています。「走りながら考えるほうがいい。止まって考えていたら死んでしまう」とか、妹だけでなく、「友だちにも見せろ」など、いろいろな場合を考慮し、順序立て、先を見通して考えているのがわかります。

（山本葉子）

三、「活動のサイクル」を経るとき、脳の中で変化が起こります。

1. 「お仕事」をして変わるのは、脳の中で何が起こったからでしょうか。

モンテッソーリが注目した最も重要なことは、子どもが作業することで良い状態へと変わる事実でした。『幼児の秘密』（国土社）の中に次のような言葉があります。

- 子どもに現われる心の生活の現象のうちで、特別、重要なものは作業による正常化です。……作業は他のもので代用できません。幸福によっても、やさしい愛情でもできません。他面、脱線は、罰でも、よいお手本でも除かれません。人間は、手を働かす作業によって、自分を形成します。
- 子どもの正常な本性の発露を助長する最も重要なものは、外界の任意のものでする作業に心を集中する活動であります。これは、精神に導かれる手の運動でなされるものです。

・乱雑な規律のない子も、突然、いつか、ある作業に落ち着き、そのときは、夢想や無秩序をやめ、静かな落ち着いた現実に目を向けた子が作業によって浄化されて出てきます。

二〇世紀の前半にモンテッソーリが目撃したこの現象は、現代でも頻繁に目撃されている事実です。荒れていた子どもが落ち着いて、良い人間関係を結び、積極的に生き始めるという良い状態に「変わる」現象を注意深く観察すると、それまでに次のような共通のプロセスがあります。

1. 自分の自由意志で始める

2. 始めたことを何回も繰り返す

3. 繰り返しながら集中する

4. 活動を自分で終え、満足した笑顔、安定した態度、素直さなどを現わす

例えば、本章の二の2で、「提示」を食い入るように見たあと、自分の自由意志で取り組む姿を事例として挙げましたが、その後に前述の2．3．4．のプロセスが続くので、紹介します。

Tくんは、次々に紙を切り始めました。色とりどりの紙を持ってきては、黙々とチョッキン、チョッキンと切っていました。……Tくんはその後、毎日登園すると必ず「はさみで切る」お仕事に取り組むようになりました。……Tくんは指先の動かし方をマスターし、ますます没入していきました。それと共にTくんは保育士の話を落ち着いて聴けるようになり、自分より小さい友だちにおもちゃを貸してやるようにもなりました。

（小野葉月）

Kちゃんは、何度も何度も失敗しながら針穴に糸を通しました。……台紙にあけられた穴の一つひとつに集中して、表裏、表裏と針を通していきました。……一枚の台紙を完成させると、「先生、できたよ。もう一コやる！」と言って、新しい台紙を用意して、また最初から始めました。……その後のKちゃんは、次々と自分のやりたいことを見つけて、取り組めるようになりました。お仕事だけではなく、お手伝いを好んでします。友だちとの接し方や会話も穏やかになりました。

（斎藤明子）

このように、作業を繰り返し、繰り返し、やることによって子どもに「新しい生き方」が現われるのは、なぜでしょうか？

子どもが提示をジックリ見て、その通りにやってみて、「なるほど！」とわかる瞬間があります。「ひらめく」のです。その「ひらめき」（insight）が起こると、それまでと比べて脳の状態が一変し、今までのモヤモヤした見え方と全く違った見え方になるのです。

そして、「ひらめいた」瞬間の目的はたった一つ、ひらめいたそのことを確実に記憶に定着させることです。脳科学の専門用語で説明すると、シナプスの強化（神経細胞と神経細胞をつなぐシナプスが強められること）を経て、そのひらめきを記憶に定着させようとするのです。

このことは、子どもを見ているとよくわかります。子どもは、やって見て「なるほど」

と思ったら必ず「もう一度」と繰り返します。それも一回繰り返すだけでなく、納得するまで繰り返し行います。確実に記憶に定着したら、自分からやめます。記憶に定着したということは、学習したということでしょう。

次に、何回も繰り返し、できるようになるばかりでなく、生き方も変わるのはなぜなのかをさらに深めてみましょう。

2.「できた！」と嬉しそうな顔をするのは、脳内物質の分泌と関係があります。

子どもは、何回も繰り返し、できるようになったとき、本当に嬉しそうな顔をします。その満足した、嬉しそうな顔は、大人に感動を与え、この笑顔は忘れることができないほど強い印象となって心に刻み込まれます。その笑顔を記述した部分だけを少し取り出してみましょう。

線のところまでぴったり水を入れるたびに喜んで、「先生、できたあ、ほら！」と私に呼びかけました。今までに見たことのない、満ち足りた明るい笑顔でした。

（望月知佐美）

四苦八苦しながらも、服を脱ぎ、ボタンをかけ、きれいにたたみ終わるまで、一生懸命にやり遂げました。終わると、目をまん丸にしてなんともいえない笑顔で、「できたあ！」と叫びました。「自分でできる」ということが子どもにとってどれほどの喜びであるか、それを教えられた笑顔でした。

（椎名美香）

ついに、最後に残った図形に色紙をぴたりと貼ることができたとき、Sくんはとても満足した様子で、ほんとうに嬉しそうな表情をしました。

（窪田奈奈）

もう一枚、もう一枚と、合計で七枚も仕上げました。自分の作品を掲示板に張ったときのDくんの顔は、とても満足気でした。自信にあふれているようにも見えました。その日からDくんは変わりました。

（西塚真弓）

子どもは、できなかったことに挑戦し、何回も繰り返し、集中し、ついにできるようになったとき、本当に嬉しそうな笑顔をします。その笑顔は、集中したとき脳内で分泌される神経伝達物質「ドーパミン」と関係がありそうです。ドーパミンは「快感」を生み出す脳内物質です。人間の脳は、ドーパミンが分泌されたとき、どんな行動をとったかを克明に記憶し、その快感を再現しようとします。そして、もっと効率的にドーパミンを分泌させるために、脳内では神経細胞がつなぎ変わり、新しい神経回路が生まれます。

子どもが、一度できると「もう一度！　もう一度！」と繰り返すのは、快感を味わわせる脳内物質の分泌のためでしょう。えも言われぬ笑顔が子どもの顔に現われるのは、このような脳内の出来事に関係しているということを知ると、ただ口先で励ましたり、褒美を与えたり、かわりにしてやったりすることは内面から喜びがこみ上がる機会を奪うことだとわかります。

3. 「良い状態に変わった！」のは、神経細胞のつながり方が変わったからです。

何かをやり遂げたあと、幸福そうだったり、嬉しそうな笑顔をするのは、集中したときにドーパミンという神経伝達物質が分泌されることに関係があると前述しましたが、その後に、子どもの考え方も変わるし、行動も変わるのはなぜでしょうか。

第二章の三の2、幼児後期の正常化への道筋のところで、「荒れた状態」の子どもが「良い状態」へ変わった姿を具体的に述べたレポートを部分的に紹介しました。そこに挙げた良い状態とは、次のようなことでした。

- 自分の世界を大きく広げる。
- いろいろなことによく気づくようになる。
- 様々な活動にジックリ取り組むようになる。
- 友だちに優しい。思いやりがある。友だちと仲良く遊ぶ。

・先生を喜んで手伝う。
・注意を素直に聞く。
・小さい子に教えたり、手伝う。
・良いことや、やってはいけないことを自分で判断できる。

これは、たまたま事例に挙げたいくつかのケースのなかに認められる良い側面ですが、このように行動も生き方も変わったのでした。なぜでしょうか。

「快感」を味わうことを脳科学の用語では「報酬」と言います。快感という報酬に出会うと、それを何度も得ようとして快感を生み出す行動がくせになり、二回、三回と繰り返し続けます。繰り返すうちに、その行動が上達していきます。行動が上達していくということは、学習するということです。

脳科学の見地から「学習」とは、同じ行動を繰り返し続けていくことで、神経細胞がつなぎ変わり、新しい神経回路網が生まれる、ことだそうです。神経細胞の結びつきが変わると考え方も変わるし、行動も変わるというのです。

また、報酬に出会って、それに従って脳の神経細胞のつなぎ替えが行われると、その喜びを満たしてくれる環境に適した行動をするようになります。周囲の環境になじまない行動をとっていた子どもが、周囲と調和のとれた行動をするようになるのは、このためでしょう。

また、一度味わった「確実な報酬」を得た体験を踏み台として、「未知の報酬」を求めて動き始めます。すでに味わった喜びが、新しい喜びの探索へ踏み出させるというのです。ひとたび「変わる」経験をした子どもが、それを契機にどんどん世界を広げていく事実は、脳科学の説明に符合します。

味わった喜びの経験が契機となり、さらに挑戦したり、自分の世界を広げていく幼児期の体験は、その後の成長に応じてスケールが増していきます。その例を紹介しましょう。

小学校四年生の息子は、興味をもったことにはもちろんですが、何事にも真剣に取り組み、すぐに集中します。自分なりに理解し納得するまで、のめり込んで没頭するという状態です。そして、自分が「おもしろい」と感じると、友だちにも紹介しているようです。

先日の夕食後、息子がペットボトルで簡単な濾過装置を作り始めました。早速次の日、学校へ持って行きました。実験は大成功だったようで、その次の日の放課後には、数名の友だちが我が家に集まりました。ペットボトルは各自が持参し、その他の材料は息子がどこかで物色して揃え、講習会が開かれました。参加者は手に手に作品を持って、喜んで帰りました。

図鑑か何かで見た「基地」を、遊び仲間と一緒に近くの公園で作ったことがありました。これは、息子の夢だったようで、家から釘や金槌などの資材を持ち出したり、ペットボトルやバケツで水を運んだりしていました。労を惜しまずという様子は微笑ましかったです。

（磯田尚子）

「たんぽぽ子どもの家」に入園した頃は、おとなしくて自分の気持ちをなかなか話せない子どもでしたが、自分で選び、コツコツやればできること、そして、その達成感が成長の基礎となったように思います。中高の六年間は、学業と運動部を両立させてやり遂げました。大学入学後は、大きく世界が広がり、たくさんの活動をしています。

・大学内でのリサイクルＮＰＯ活動の立ち上げ
・毎年の夏休みには、障害児のキャンプボランティア活動
・九月に三週間、フランスの障害者施設にボランティア活動
・雑誌（Hanako）編集部での雑誌づくりのアルバイト
・来年四月からはロンドンのウェストミンスター大学へ一年間の予定で留学

卒園のときに「たんぽぽの綿毛になって世界へ飛んでいくのよ」とのはなむけの言葉をいただきましたが、今娘がそうなろうとしているのかな、と胸がいっぱいになります。

（荒木寿美子）

第四章

誰もが取り入れられる
モンテッソーリ教育のエッセンス

一、「共通性」と「個性」は、コインの裏表のようです。

ある研修会で、モンテッソーリ教育を受けた子どもたちに共通する特徴を挙げたら、「共通した特徴があるということは、同じタイプの人間になるということですか？」「モンテッソーリ教育を受けた子どもたちは同じタイプの人になり、個性のない人間になるのではありませんか？」という質問を受けました。ちょっと思いがけない質問でしたが、口頭で抽象的に話されると、そういう疑問をもたれるのも当然かもしれないと気づきました。

私が「共通性」を強調したのは、共通の現象の奥には全ての人間に共通する生理学的なメカニズムがあるのではないか、モンテッソーリ教育はそのような自然の法則に基づいているのだということに考察を深めるためだったのですが、「では、一人ひとりの個性の形成は何に基づくのか」という質問に答える用意がなかったのです。

そこで、本章では、「共通性」と「個性」の関係を見ることから始めましょう。「共通性があるけど、個性もある」という事実と根拠を扱う前に、これに類した問題が扱われたテレビ番組の場面を紹介しましょう。その問題に答えたのは脳科学者の茂木健一郎氏でした。

1．プロフェッショナルたちの共通項

脳科学者の茂木健一郎氏が、毎週第一級のプロフェッショナルと対談するテレビ番組の、ある特集日のことです。その日は、それまで彼と対談してきた百人のプロフェッショナルたちの仕事の流儀を茂木氏が脳科学者の立場から分析する特集でした。視聴者たちが知りたいと要望したことの中からいくつかのテーマを取り上げていました。

例えば、

- 常に大きな成果を求められるプロフェッショナルたちは、その「プレッシャー」とどのように立ち向かうのか。
- 一流のプロフェッショナルたちは、一体どうやって「やる気」を掻き立ててきたのか。

視聴者たちが知りたいと要望した、このようなテーマに答えるために、茂木氏は、二つのステップを踏んでいました。

第一ステップ……プロたちの答えに共通性があることに注目。
第二ステップ……その共通性の奥には、脳の中で働く共通のメカニズムがあることを脳科学者として説明。

茂木氏が注目する「共通性」とは、例えば次のような言葉でした。

「驚くことに多くのプロが同じことを実践していた」
「なんと何人ものプロフェッショナルたちが、同じことを口にしていた」
「そこにも、一つの共通項があった」

茂木氏は第一ステップとして、誰もが目で見たり耳で聞いたりして、知ることのできる「共通性」に注目します。第二のステップで、「そのとき脳の中で何が起こっているのか」、素人には見ることも想像することもできない脳の中の出来事を脳科学者として説明していました。茂木氏がこの番組で話していた脳の話を次にもう少し紹介しましょう。

2.「共通性」と脳の中で起こっていること

「プレッシャー克服」に関するテーマのときです。いざ本番というときにかかるプレッシャーをどう克服するかをプロに学ぶために茂木氏はまず、プロたちが語る言葉に次のような「共通」したものがあることに注目します。

「スイッチが入る」
「スイッチがオンになる」

多くのプロたちが、このような表現をしたのです。茂木氏は、この言葉を切り口にして脳科学者として次のような解説をします。

スイッチが入るということは、その瞬間に脳が集中できるということです。
スイッチが入るとき、頭の中でモードの切り替えが起こります。私たちの脳には、

「集中モード」や「リラックスモード」など様々なモードが眠っています。プロは本番に臨むとき、「集中モード」を呼び起こして、目の前の仕事に集中することにより、プレッシャーを乗り越えるのです。問題は、どうやって「集中モード」を呼び起こすかです。モードの切り替えは、前頭葉が無意識のうちに行うことが多いため、コントロールが難しいと考えられています。

多くのプロフェッショナルたちがモードを切り替えるためにやっていたことに共通項があることに茂木氏は注目します。それは、本番前に何かしら「身体を動かす」という「決まりごと」をもっているという共通性です。その「決まりごと」をするときに、脳の中で起こることを次のように説明しました。

ポイントは、何かしら身体を動かすことです。脳のモードを意識的に替えることは難しいのですが、本番に向かうとき、いつも同じように身体を動かすと、運動系の神経回路を通じて脳に信号が送られ、モードを切り替えることができると考えられます。

……

結構違うようなプロフェッションでも、似たような方法でプレッシャーをはねのけているとは面白いですね。人間の脳っていうのは、大体同じような傾向があるのですね。決まりごとの内容は、人それぞれですが、何かしら身体を動かすこと。必ず決まった手順で繰り返して本番に向かう。

プレッシャーを克服して活躍している第一級のプロたちが、本番の直前に共通して何か「身体を動かす」ことをやっている。ということは、その行為をすることが脳の中にプレッシャーを乗り越える働きを生じさせるからだと、脳科学者が解説するのです。

その番組で取り上げられた「やる気」についての説明も少し紹介しましょう。

「やる気」とは、脳科学的には目標を成し遂げ、報酬を得ようとする欲求だと言います。茂木氏は、百人のプロを分析した結果、「やる気」が出るための処方箋をいくつか提案していましたが、その一つは「良い師匠をもつこと」だと言います。前頭葉には、相手の動作を見たとき、あたかも自分も同じ動作をしたかのように反応する細胞、ミラーニューロンというのがある。師匠の良い振る舞いを見ていると、ミラーニューロンが反応し、自分も気づかないうちに同じように振る舞うようになる。それが脳力アップにもつながるというのです。
「やる気」とか「モチベーション」とかのメカニズムは、みんなに共通している。しかし、何に「やる気」を出すか、何を目標にするか、というのは、一人ひとり違う。そこに個性が現われる。だから、みんな同じ脳のメカニズムを使って、一人ひとり自分の目標を追求する。この「個性」と「共通の部分」を大事にしよう、と脳科学者茂木健一郎氏は勧めていました。

モンテッソーリ教育を受けた人たちのその後の生き方を語ってもらったとき、それを語る言葉や表現に不思議なほど共通性がありました。それは何を意味しているのだろう、何が作用して、そのような共通の生き方を生ぜしめたのだろう、という素朴な疑問を抱いた頃、ちょうど脳科学のブームがやってきたのです。

その共通性には脳の働きが関係しているのではないかという観点から、データを分析し、解釈してきたのですが、この解釈の方法は、このテレビ番組の構成と共通しています。誰もがわかる現象としての共通性を取り出し、それを脳科学者が、「人間の脳はだいたい同じような傾向がある」とか「同じ脳のメカニズム」という専門的な知見で解釈しているからです。

しかも面白いことは、同じ脳のメカニズムが「共通性」を生み出すが、同時に、一人ひとりが自分の目標を追求するので、「個性」が生じるというのです。

人間においては、「共通性」と「個性」はコインの裏表のように存在するのでしょう。

次に、具体例を挙げ、確認しましょう。

二、「人をほめる」という共通性と「自分らしく生きる」という個性があります。

1.「人をほめる」という共通性があります。

わが子が、「友人をほめる」「人の長所を見つけるのが上手」「人の成功をわがことのように喜ぶ」「人の良いところを認める」「決して悪口を言わない」などを見て、感心すると語る親が非常にたくさんいました。少し紹介しましょう。

親から見て、長女の素敵だなと思うところは、友だちや家族のいいところを素直に認めることです。友だちに関しては、「○○ちゃんは、字がとても上手なんだよ」というような言葉をよく聞きます。自分が苦手な鉄棒の逆上がりを、四つ年下の妹ができるようになったときも、「もう逆上がりができたの。すごいねぇ！」と、妹と一緒に喜んでいました。

ふだんの生活で私が感じるのは、「手助けするのがうまく、人の長所を見つけるのが上手」ということです。……学校の話をするときによく聞くのは、「○○くんが△△ができて、えらかったんだよ」とか、「○○ちゃんは△△がすごくよくできるんだよ」とかいう言葉です。

（宇井千穂）

家でクラスメイトの話をよくしますが、決して否定的なことは言いません。むしろ、他人の個性を認めて尊重するような、次のような話をします。

「○○さんは、とても面白いことを言う」
「○○さんは、何メートルを何秒で走る」
「○○さんは、勉強の教え方がうまい」

（松岡幸子）

（高野美子）

わが子は二人とも、友だちの悪口を言いません。もちろん、けんかして帰ったり、いやなことをされた、と訴えることはありますが、人のことをバカにしたり、できないことをあげつらったりすることなく、「友だちはこんなことができる、できた」ということを素直に認め、喜びます。

（岡本永子）

この他にも、次のような報告がたくさんありました。

- 人間関係では、相手を認め受け入れることが自然にでき、相手の良い面を見つけてはほめるのには感心して見ています。
- 友だちに対しては決して悪口を言わず、相手の良いところを見つけて認めるので、友だちがたくさんいます。
- 娘は、人のことを素直に認め、喜ぶ心をもって、今日は○○ちゃんが△△ができるようになったんだよ！　と目を輝かせて報告したりします。

「人を蹴落としてでも成功したい」「良い成績をとって友だちに勝ちたい」などという競

争心や上昇気流に乗って生きている現代人の間で、「人の成功を喜び」「人の長所を見つけて感心する」子どもたちは、いったい何を基準にして生きているのでしょうか。

彼らが大事にしていることは、世間的な成功ではないし、他者を敬い自らはへりくだるという謙譲の美徳でもなさそうです。人をほめ合う子どもたちは、「お人よし」の集団でもありません。

では、なぜモンテッソーリ教育を受けた子どもたちは共通に「人をほめる」のでしょうか。

その理由として、三つのことが考えられます。

一つめは、ミラーニューロンが活発に働いた時期に「良いものを見て学ぶ」習慣が身についたので、「良い」ものに敏感に目をとめる。「良い」ものに憧れる。感心する。

二つめは、「自分で選び→自分のリズムで努力し→全力で乗り越え→できるようになる」というプロセスを幼児期に幾重にも繰り返し歩んだので、他の人の努力の過程がわかり、成功の喜びに共感できる。

三つめは、自分と同じように他の人にも、その人なりの目標があるので、人の生き方を認める。自分の生き方も認めてほしい。だから、人と比較しない。

2. 共通した長所を土台として「自分らしく」生きています。

二人、三人のわが子がモンテッソーリ教育を受け、大きくなっていく過程を見てきた親が語る言葉には共通のものがあります。例えば、次のようなことです。

三人の子どもに共通して言われてきたことは、マイペースで他に動じないということです。人がどうであろうと、「私は私」に必ず落ち着いて、自分の考えで行動するように思えます。それはやはり幼稚園のモンテッソーリ教育で、自分のやりたいことを自分で選び、集中してできたお陰だと思います。

（鷹橋和子）

我が家の子どもたちは二卵性の男女双子です。子どもたちは同じ幼稚園、同じ小学校に通い、現在は別々の中学校に進学している中学一年生です。……二人の間には、性格、行動、ものの考え方に大きな違いがあります。しかしながら、この二人に共通することは、決められたルールを守る意識が強いこと、自分で決めたことは速い遅いの差はあるものの「やり遂げよう」という姿勢があるということです。自分で決めたことを実行するという点でも、スピードの差はあれ、やり遂げようという意識を持っていると思います。

（蒲原美代子）

我が家の四人の子どもたちに共通することを考えてみました。

⑴周りの人たちへの気遣いができ、思いやりがあって寛容である。

長男は、学校で「友だちや下級生の面倒見がよく、トラブルがあっても最後には無条件で相手を許す寛容さがある。頼れる兄貴的存在である」とよくほめていただきます。

長女は、「明るく前向きに物事を処理し、友人と楽しく学校生活を送ることができる」と言っていただきます。友だちに対して決して悪口を言わず、困っていれば助けてあげようとします。

また、相手の良いところを見つけて認めるので、友だちがたくさんいます。

次男は、まだ小学校一年生ですが、友だちの優れたところを見つけるのがとても上手です。「○○くんは足が速いよ」とか「○ちゃんは絵が上手」とか「△△くんは優しいんだ」とか、友だちの良いところに本当に感心して、一生懸命に私に説明してくれます。その様子を見ていると嬉しくなります。

(2)自分が興味をもったことに一生懸命になり、探究心が旺盛である。一つのことにジックリと取り組むことができる。自分なりの考えがあり、一貫している。

長男は、小学生の頃から日本の歴史に大変興味があり、先生から「学校の図書室にある歴史の本は、ほとんど読んでしまったのではないですか」と言っていただいたぐらいでした。また、プラモデルをつくるのも好きで、小学校の頃の簡単なものから始まって、今では細かい部品を組み立てる難しいものに、何時間もかけて挑戦していま す。

長女は、中学校でバトミントン部に入っていて、朝と放課後に練習があります。それでも、もっと上手になりたい、もっと身体を鍛えたいといって、学校から帰ってしばらく休むと、外へ出てランニングをしたり、縄跳びをしたり、素振りをしたりと努力を惜しみません。成果がすぐに現われなくても、決してあきらめずに粘り強くがんばります。その根気には感心させられます。

（鈴木由紀子）

幼児期から中学時代までずっと、「瑞穂子どもの家」から海や川や山へとたくさん自然のなかへ連れて行っていただきました。お稽古ごとをさせていなかったので、本当によく参加させていただいたと思っています。……

味わいが少しずつ違う長男と次男ですが、遠めに見ていると、つまずいたときに起き上がる手だてを自分たちなりに工夫し始めているのかなあ、と思えるときがあります。なかなかスムーズにいかないときもあるようですが、そのときの自分に一番適したものを探し出して、乗り越えているようです。そしてまた、ふつうの生活に戻って、また新しいものにチャレンジしてゆきます。日々ぶつかる問題もあるようですが、健やかな心と身体があれば、幼児期に手に入れた魔法の道具（一生ものの道具）を使って、自分のペースを守りながらこなしていけるでしょう。

（古川尚代）

幼児期にモンテッソーリ教育を受けた複数の子どもをもつ親が述べたことには、次の二つの共通項があります。

A. 共通した「生きる力」をもっていること、その力を土台として、
B. 一人ひとり自分なりの目標をもって、個性豊かに力一杯生きている。

モンテッソーリ教育を受けた子どもたちの特徴を抽象してしまうと、その共通性の故に、同じタイプの子どもたちではないかと思ってしまう人もいるようですが、具体的に見ると共通性は「生きる力」であって、その力を原動力として一人ひとりが自分の目標に向かって全力で生きているので、それが個性となって輝いているのがわかるのです。

三、モンテッソーリ教育の子どもの見方・たすけ方

1.「誰にでもできること」と「専門的な養成が必要なこと」があります。

「モンテッソーリ教育を受けさせたいけど、通える範囲内にモンテッソーリ教育を実践している所がないので困っている」という声をよく聞きます。しかし、モンテッソーリ教育をしている幼稚園や保育園や「子どもの家」がなければ、モンテッソーリ教育のメリットを得ることができないかといえば、そんなことはありません。

モンテッソーリ教育の中には、対照的な二つの側面があります。一つは、誰でもすぐに実行できる側面です。もう一つは、「モンテッソーリ教具」が整った「モンテッソーリ・クラス」があり、そこに「モンテッソーリ教師養成」を受けた教師がいて、穏やかに丁寧に指導してくれるという、いわゆるモンテッソーリ・メソッドを実践することを標榜する側面です。この二つの側面を、わかりやすく説明するために、ここでは便宜的に「モンテ

ッソーリ教育」と「モンテッソーリ・メソッド」という言葉に使い分けてみましょう。

モンテッソーリ・メソッドとは、「モンテッソーリ教具」「モンテッソーリ教師」「モンテッソーリ・クラス」の三拍子が揃っていて、「モンテッソーリ教具」の全体系を忠実に実践する教育方法のことです。

「モンテッソーリ教具」とは、マリア・モンテッソーリという人（一八七〇～一九五二年）が、自分のアイデアに従ってデザインした教具で、個々に目的があります。だから、その教具はモンテッソーリが意図した目的に沿って使う必要があります。モンテッソーリは、教具を作成したとき、自分が意図した目的に正確にかなった物であることが大事なので、「モンテッソーリ教具」という固有名詞をつけて特許をとり、その製作権を当時はオランダのニーホイスという会社にだけ与えました。現在は、ニーホイス以外にもいくつかの会社が製作権をもつようになっています。

さて、個々に目的をもつモンテッソーリ教具を、その目的に沿って正確に使うためには、そのための養成が必要です。そこで、一つひとつの教具を目的に沿って正しく使う技術と、モンテッソーリがそれを作成したときの意向や精神をよく理解できるような教員養成コースを設立しました。そして、ここで所定の訓練を受けた教師にディプロマ（資格証書）を授与し、「モンテッソーリ教師」と呼んだのです。

だから「モンテッソーリ・クラス」とは、モンテッソーリ教具の全体系が整備され、モンテッソーリ教師がいて、マリア・モンテッソーリが実現したような教育を実践しているクラスのことです。実際、この三拍子が揃ったところでは、子どもの素晴らしい美質や能力が大人の予測を超えて現われています。

本書で挙げた子どもたちの美質の多くは、この三拍子揃って充実したモンテッソーリ教育の実践園で現われたものであることを認めなければなりません。同時に、モンテッソーリ・メソッドをほぼ完璧に実践しているところは少ないという現状も認めなければならないのです。

では、ここまで述べてきたモンテッソーリ教育の良いメリットにあずかることができる人は、ごく限られた人なのでしょうか。そうだとしたら残念だし、ここまで述べてきたことも、理想論に近いものになります。

本書の目的は理想論を展開することではなく、モンテッソーリ教育が生み出した成果から、幼児期に経験していたことが脳の中で何をもたらしたかを問い、それを役立てることです。モンテッソーリ・メソッドの有効性を問うのではなく、モンテッソーリ教育に特徴的な考え方や方法と子どもの脳の関係を明らかにしたいと願うものなのです。そのために「モンテッソーリ・メソッド」ではなくて「モンテッソーリ教育」という用語で見極めたいことがあります。

「モンテッソーリ教育」という場合は、モンテッソーリ教具がなくても、モンテッソーリ教師としての養成を受けていなくても、誰でも利用することのできるモンテッソーリが教えてくれた「子どもの見方・たすけ方」全般のことだと考えていいでしょう。モンテッソーリは、「自然のプログラム」に従って成長する子どもを見る「見方」と、そのときに適した「たすけ方」を開発しました。それは、生命の法則に基づいた、子どもの本質に根ざすものなので、誰でも同じ「見方」をし、同じ「たすけ方」をすることができるし、やってみると子どもの奥底にあった善さが現われてくるので、その結果をみて納得するものです。

マリア・モンテッソーリは、まるでコインの裏表のように異なる二つの側面をもつ遺産を教育界に遺しました。一つは、自分のアイデアで作った教具とその扱い方が純粋に保たれ、モンテッソーリ・メソッドのオリジナルな素晴らしさが後世に純粋に伝えられるのを願って、そのための教師養成コース・教師資格・教具などを管理する「国際モンテッソーリ協会」を設立しました。ところが、もう一方では正反対のことを望んでいたのです。自分が発見したことは、生命の法則とそれに基づいた教育方法なので、人類の進歩と共に発展していくのだと言いました。孫のマリオ・M・モンテッソーリは、祖母マリアが願ったことは、その基本原理がみんなに利用され発展していくことだったと言っています。

つまり、塩のような役割を果たすことを望んだのです。塩が自分の姿を消して全体を活かす役割をするように、モンテッソーリ教育の「子どもの見方・たすけ方」は、多くの人々に理解され使われていくうちに、それを使う人自身の子どもの見方・たすけ方となっていき、もはや「モンテッソーリ」という名前を使う必要すらなくなるでしょう。

実際、一九九〇年代以降、脳科学が急速に発展し、その成果が教育の領域に反映されるようになってくると、科学的教育方法と言われたモンテッソーリ教育の根拠や成果が、脳科学の知見に照らすと納得できるようになりました。本書の目的も、脳科学の知見を拝借しながら、モンテッソーリ教育の場で子どもが経験したことが、脳に及ぼしたと思える良い影響を調べ、誰もがそのような良い経験をすることができる道を開きたかったのです。

次に、そのような願いをこめて、モンテッソーリ教育の場で子どもが経験することを、モンテッソーリ教育を受けることができない場でも経験できるようにする道の一例を述べてみましょう。

2.「子どもの脳に有効な経験」をモンテッソーリ教育の成果から学びましょう。

脳研究を教育に役立てようという熱望が「脳神経神話」的な間違った知識と方法となっていることを危惧して、ＯＥＣＤ（経済協力開発機構）の教育研究革新センターは「学習科学と脳研究」というプロジェクトを立ち上げました。その報告書の中には、神話の元になっている研究の原文をよく読むと、その研究が間違って解釈されたか、人間にとって意味合いが限られてしまう動物実験だけに基づいているかのどちらかだというのです。

間違って解釈されたという例で思い出すのは、一九五〇年代に、グルタミン酸が脳を興奮させ、頭が良くなると言われ、化学調味料をたっぷりかけて食べることが流行ったことです。その際の間違いは、脳科学的用語として使われた「興奮」という言葉が、一般用語の意味とすり替わって「脳に効く」かのように信じられたのでした。

昨今の「脳を鍛えるブーム」も脳科学の専門用語としての「活性化」が一般用語の「沈

滞していた機能が活発に動くようになる」という意味で解釈されたことから生じているといわれます。読み書き計算をしているときに光トポグラフィーで前頭葉の部分が赤くなるのが見えると、「前頭葉が活性化している」と素人は思い込んでしまいます。ところが、血流が増えたことを示す赤い色が現われることだけではプラスもマイナスもなく、これらが脳に良いという根拠にはなり得ないのだそうです。「活性化」という「血流増加」を示す意味で用いられた専門用語が、「沈滞していた機能が活発に働くようになること」(広辞苑)という一般用語の意味にすり替わって、「脳トレ」ブームが起こったりもしています。

これと似たことが、「強化」という用語でも起こっています。神経細胞と神経細胞をつなぐシナプスが強められることによって学習が成り立つことを「強化」という用語で表現します。この解釈を私も本書第三章の三の3で用いました。ところが、脳科学の専門用語である「強化」という言葉を、一般用語の「強化合宿」「強化食」「強化米」などの意味合いにすり替えて、断片的な学習論として熱く語られているものも見かけます。

私が本書で「脳に効く」という言葉をあえて使ったのは、脳科学の知見を教育に適用しようとしてではなく、むしろ逆で、モンテッソーリ教育が多くの人々によって何年もかけて実際に経験された結果が現われてきた事実から、その根拠を問いながら「この経験が脳に有効だった」と思ったからです。

そこで最後に、モンテッソーリ教育から学んだ「幼児期の脳に有効な経験」を、〇～三歳頃までと、三～六歳頃までの二段階に分けて考えてみましょう。

〈〇～三歳の時期に〉

第二章の三の1で紹介したレポートの著者木田暁子さんは、ご長男Kくんを「モンテッソーリ園には通わせなかった」そうです。しかし、ご夫婦で相談して、二歳の頃から「日常生活を自分でできる」様々な工夫を始めたというのです。そして、心がけて実行したことを四項目に分けて述べておられます。

第一は、靴を自分で脱いだり履いたりする。衣服の着脱を自分一人でする。そのような日常生活の行為のたすけ方、待ち方など。

第二は、Kくんが自分でできるように、どのように環境を整えたか。

第三は、「やり方」をゆっくりして見せる、つまりモンテッソーリ教育の「提示」から学んだ「教え方」の実践。

第四は、言葉づかい、人格を尊重した言い方、など。

この四点をご両親はKくんが二歳の頃から意識して実行なさったというのです。その結果、Kくんが四歳になったときには、何事も自分でよく考えて行動し、集中して本を読んだり、黙々と何かを書いたり、自主的に手伝いをしたりする落ち着いた子になり、まさにモンテッソーリ教育でいう「お仕事」の一連の過程を踏みしめ、内面から善さを現わしていく「正常化」の事実に直面していることを述べておられます。

モンテッソーリ園に行かなくても、モンテッソーリ教育の場で実現していることが、このご両親のもとで実現しています。

三歳までに大事なことは、「日常生活行動」を教育の場として教材化し、意識して実践することです。

脳科学に詳しい行動神経学の研究者の中村裕子氏（仙台白百合女子大学教授）によると、乳児が手や足などの身体を使えるようになり、やっと片言で意志表示ができるようになる頃、日常生活行動を身につける時期に入ります。オムツでの排泄から自力での排泄行為を学習する。食事の仕方、手の洗い方、挨拶の仕方、就寝の仕方など、日常生活行動を身につけることが必要になります。これは私たちの脳にとって「初めての本格的学習体験」だというのです。

この日常生活行動を身につける学習が、その後の脳の発育にもたらす影響は多大で、日常生活行動を身につけること（例えば、一人でパンツがはけた！）を通して覚えることの喜びを体験した脳は、効果的な学習（情報処理）回路がしっかり形成され、そのことが高い学習能力をもつ脳につながるのだと、中村氏は説明しています。

それに比べて、日常生活行動を身につけるべきときに、苦痛を体験した脳、例えば、自分でしたかったのに、ママが手早にやってしまうので悔しかった経験、自分でやりたいけどうまくできなくてモタモタしていたら叱られた経験、せかされた、待ってもらえなかった、などの体験をすると、子どもはその苦痛から逃れるために、攻撃的反応や逃避的反応を学習することになります。それを見た親がイライラしてさらに叱ってしまえば、幼児はいっそう生命の危機を感じ、不安や不満足を示す本能的行為をとります。結果、知的機能の発達を促す、という本来の目的とは異なる情報処理回路が形成されてしまう、と中村氏は説明します。

〇～三歳の頃に日常生活行動を身につける学習は、脳の旧皮質と古皮質という本能や生命維持機能が主導権を握っている脳と関連します。人間は、この部位をつかさどる本能を足がかりとして、成長とともに知的機能を獲得していくというのです。

三～六歳になって働く大脳新皮質機能を高める学習法はよく語られているのに、旧・古皮質の機能との関係性を強化する学習や訓練法は、あまり知られていません。

では、どうすれば新皮質と旧・古皮質の連携が強化されるのか、と中村氏は問い、本能的行為を知的行為（日常生活行為）に変換する過程が学習の第一歩だと言います。日常生活の一つひとつの行為を自分でできるように援助することは、初めての学習の機会を提供することであり、脳科学的には、「新皮質と旧・古皮質の関係の強化・発達を促す」ことであり、学習機構を構築する課題に取り組ませることだともいうのです。

一歳を過ぎた頃から「自分で！」「する！」と主張するとき、子どもの中にはもう「学びたい！」欲求が芽生え始めているとも言えましょう。その時期の強い願いを受け止めて、前述した木田さんのような意識をもって関わる方法をモンテッソーリ教育は具体的に教えています。このことは、モンテッソーリ園に行かなくても誰でも実践できることですし、最も基本的な大事なことです。

〔三〜六歳の時期に〕

A．環境を整える

(1) 自由に選べる機会を作ってあげましょう。

例えば、朝「どの服を着るか」を自分で考えて、取り合わせを決めることができるように、子どもの背丈に合った高さの引き出しに服を複数枚きれいに並べて入れておきます。その場合、服があまり多くなくて、少し間隔をあけて入れておくことが大切です。選ぶ服が一目瞭然に並べられていれば、子どもは自分のセンスで着たい服を選んだり組み合わせることができるからです。これは一例であって、一日の様々の場面で子どもが「自分の自由意志で選ぶ」機会を作っておくと、「自分の意志で選ぶ」ことが習慣化します。長続きする、集中する、ためには、「自分が選んだ」という出発点がなければならないからです。

脳科学者茂木健一郎氏は、その学習論の原点に「自分で選ぶ」ことをおいています。脳が喜びを感じるためには、「強制されたものではない」こと、何をするにしても、「自分で選んでいる」という感覚こそが、大事だと言っています。

(2)あたまを働かせながらできるようにしてあげましょう。

あたまを働かせるとは、「分けたり、集めたり、合わせたり、較べたり」することです。片付ける場所にシールを貼って同じシールの所に置けるようにするとか、線を引いて、その線に沿って並べるようにするとか工夫すると、子どもの活動が自発的になり長続きします。

B．援助する

(1)「して見せる」ことを徹底しましょう。

子どもは「できない」のではなく「やり方がわからない」のです。本当は「どうすれば自分でできるか」を知りたいのです。子どもの奥底にある深い望みを信じて、口先で「しなさい！」と言うのではなく、動作で「して見せる」ことを徹底しましょう。

モンテッソーリ教育では、この「して見せる」方法を「提示」と言い、この「教える技術」を心をこめて、相手への深い尊敬のうちに実行することを徹底するのです。子どもに実行してもらいたい行為を一つだけ取り出して、そのプロセスを分析し、各部分の動作を、明確に、ゆっくり、して見せるのです。その「提示」に先立って最も大事なことは「観察」です。その子どもが「やりたがっていること」「困難を感じていること」を観察で見極めて、その一点を取り出して「して見せて」あげるのです。その動作をしているときは、黙っています。動作と言葉を離すのです。

ゆっくり、黙って、はっきり、正確に、して見せている間、それを見ている子どもの脳の中では、ミラーニューロンが働き、してくれている人の動作ばかりか心情まで鏡に写すように受け止めるのです。そして、その動作の順序をワーキングメモリで憶えます。

だから、自分でできるようになりたいこの時期に、折りあるごとに一つの行動を、丁寧に「して見せてもらう」と、子どもは詳細までじっくり見る習慣が身につきます。黙ってして見せた後に、言葉で説明をすると、今しがた見たことの説明を耳でよく聞く習慣も身につくのです。

それればかりではありません。ミラーニューロンやワーキングメモリは前頭前野にありますから、黙って見たり、聞いたりしている間の子どもの前頭前野は生き生きと働いているのでしょう。その証拠であるかのように、「提示」をされながら新しい活動を憶える子どもも時代を送った子どもたちには、「計画性がある。見通しをもって行動する。段取りがよい。臨機応変に対処する。自己抑制力がある。相手の心を察することができる」などの共通の特徴があります。このような態度は脳の前頭前野の働きだそうです。

(2)「自分で始め→自分のリズムで続け→集中し→自分で終える」ことができる場面を尊重しましょう。

脳科学者の茂木健一郎氏が「強化学習のサイクルを回し続ける」という言葉を使って自分の勉強法を脳科学の知見で解説しています。この「強化学習」という用語は、モンテッソーリ教育では「お仕事」とか「活動のサイクル」という事実と合致するところがあります。

ただし、「強化学習」という用語は、前述したように「強化」という脳科学の専門用語が「強化合宿」とか「強化食」という場合に使う一般用語にすり替えられ、学習効果だけを訴える今はやりの教育論になってしまっているように思えます。

また、茂木氏の「強化学習」では、モンテッソーリ教育における「集中」というキーワードに値することが、たびたび「熱中」という用語でも語られ、学習効果ばかりが成果として期待されています。そこにはたくさんの重要な要素が混在し、教育論としては未整理だと言えます。その意味で、教育の理念や方法論の面でモンテッソーリ教育とはかなりの差異があります。

しかし、ここでは差異を見るのではなく共通点を見ることによって、モンテッソーリ教育の現場で百年にわたって目撃されてきた事実が、脳の中のどんな営みによるのかを見てみたいと思います。

まず、共通していることは、「強制されてではなく自分で選ぶ」という出発点です。次に、何度も「繰り返す」行動と「集中する」ことの必要性が語られていることです。茂木氏は「集中」の重要性を、「没我の状態」「フロー状態」「熱中」などの言葉で語っています。

モンテッソーリ教育の現場では、子どもの集中が深まるのは「繰り返しながら」だという事実が目撃されていますが、その「繰り返す」行動はなぜ起こるのでしょうか。

茂木氏は、脳科学の専門用語で次のように説明します。ドーパミンという神経伝達物質の一つで「快感」を生み出す脳内物質が、ある行動によって分泌されたとします。その「快感」は「報酬」なのです。人間の脳は「報酬」を求めるもので、ドーパミンが分泌されたとき、どんな行動をとったか克明に記憶し、ことある毎に、その快感を再現しようとします。こうして快感を生み出す行動がくせになり、二回、三回と繰り返し続けていき、もっと効率的にドーパミンを分泌させるために、脳内では神経細胞がつなぎ変わり、新しい神経回路網が生まれる。それは、その行動が上達していくことであり、学習が成り立つことだというのです。

茂木氏が脳科学の用語を用いて「報酬に出会って、それに従って脳の神経細胞のつなぎ替えを行うことで、徐々に、周囲の報酬環境に適した行動が出来上がっていく」と説明することは、モンテッソーリ教育の現場で「子どもが変わる」という現象として目撃され続けてきたことと重なります。もう百年も前にモンテッソーリが目撃した次のような子どもの現象が今も現場で起こり続けています。

作業し、休みなく、集中して作業します。作業を終えた後、その時はじめて、その子は満足し、休息し、幸福のように見えました。それらの小さな朗らかな顔の中に、随意に引き受けた作業が果たされた後の本当の休養がよみとれました。働いた後は、前よりは強く、又、精神上、健やかになった子どもでした。

（『幼児の秘密』　国土社）

モンテッソーリ教育の現場で子どもが取り組んでいる「お仕事」は、人間の脳にとって有効な活動のサイクルであることがわかります。しかも、ひとたび作業を通して良い状態に立ち戻った子どもは、それ以後、意欲的に新しい活動に挑戦し、新しい喜びを生きていく姿が見られます。この事実は、「確実な報酬」源を利用しつつ、「未知の報酬」を探索する、という茂木氏の脳科学による説明と合致します。

このような脳科学者の説明を知ると、モンテッソーリ教育施設に通わせることができなくても、モンテッソーリ教育の現場で起こっている重要ないくつかのポイントを理解して家庭の中で、それを実践する道を工夫することができるでしょう。

つまり、「自分の自由意志で選ぶ」ことができるような機会を提供すること、「自分のリズムで繰り返し行う」ことを認めること、「集中を妨げない」こと、「自分で決めた目標に向かう生き方を支持する」こと、「その子なりの充実感を祝福する」こと、など大人の「意識を変える」ことこそまずしなければならないことです。大人の意識が変わると、不思議なほど子どもが変わっていきます。子どもが変わるのを見ると、もっと具体的な手だてのアイデアが湧いてきます。

モンテッソーリ教育の本質に出会って感動し、自分の幼稚園で実践したいと思った教師が諸般の事情で実践できない場合は多いものです。でも、可能な範囲内でモンテッソーリ教育で知り得たことを活かしている先生たちはたくさんいます。そして、その先生によって子どもが良い状態に変わっていき、その子どもの変化に促されて先生たちの研究が深まり発展していっている例はたくさんあります。

同じことは、家庭での教育でも見られます。最近は、夫婦でモンテッソーリ教育の何を、生活のどこに取り入れることができるかを話し合って、工夫しておられる家庭もよく見かけます。本書の二章の三の1で紹介した御夫妻はその模範ではないでしょうか。

モンテッソーリ園には行かなかったけれど、家庭のなかで地道に取り組んできたら、気がつくと四歳になったわが子は、モンテッソーリが出会った「正常化への歩み」を家庭での日常生活において経験しているという報告は、モンテッソーリ教育を受けるチャンスがない人にも希望をあたえてくれます。

あとがき

私が初めて書いた単著『モンテッソーリ教育の理論概説』（学習研究社、一九七八年）の中に登場した子どもたちは、もう四十歳代になりました。拙著『ママ、ひとりでするのを手伝ってね！』（講談社、一九八五年）は、現在五十二刷になっていますが、この本が出版されたころ読んでくださった方々のお子様たちももう成人されています。この間に、モンテッソーリ教育は日本中に広がり、その卒園生たちが社会人となり親になる時代になりました。

本書では卒業生たちの話の中にたくさんの共通項があることを述べましたが、あえて避けた話題があります。それは有名大学に合格した話です。卒園生たちが大学合格の報告にくる話は本文の中に書きましたが、その合格した大学の名前を聞いてみると、いわゆる世にいう有名大学に合格した人は結構多いのです。進学校や塾であれば、そこの卒業生が「東大◇人、京大△人、慶應×人、……」と書き立てるような実績をもつところもあるのですが、私は次の二つの理由からこの話題を避けました。

一つは、そんなことを書くと、いわゆる「お受験」に利用されるかもしれないからです。今でも「モンテッソーリ・コース。一時間○○円」などという宣伝文を掲げた塾を見かけることがありますが、モンテッソーリ教育は、時間単位でできるようなものではありません。日常生活そのものが教材化され、生活のなかで愛深く丁寧に関わってくれる大人がいてこそ実を結ぶ教育です。

もう一つのもっと大事な理由は、モンテッソーリ教育は、有名大学に入るとか社会的に成功することを目的にしているのではないということです。

本書の第二章で述べたように、幼児期にその子の奥にあった本来の落ち着き、自己制御の力、正直さ、知的探究心などが立ち現われると、それは成長に従って次第に広がり、豊かな人間関係、夢に向かうダイナミズム、困難を乗り越える力、平和を生み出す生き方へとつながっていきます。「生きる力」や「平和を生み出す力」は、いつ、どのように育つのか。この根本的な問いに対する答えをモンテッソーリ教育の成果から引き出したかったのです。

そのために、私は脳科学にはズブの素人で恥ずかしいと思いながらも、あえて今多くの人々に親しまれている脳科学の知見を拝借する方法をとりました。しかし、本やテレビ番組で出回っている、「脳は×××だから、△△すれば良い成果が出る！」という類のやり方ではありません。むしろ逆のやり方です。「幼児期にこんな経験をした人が、その後こうなっている。……この事実は、今の脳科学の知見に照らすと、こういうことではないか？」と問うのです。

つまり、四十年間の経験の積み重ねのなかから動かし難い子どもの事実が現われている。このエビデンスを提供し、その検証を世に問おうとしたのです。

十年間の経験も蓄積もないのに、脳科学の知識を前提にして、「脳は×××だから、△△すれば良い成果が出る！」と断言することは無責任だし危険にさえ思えます。そのような今流行の傾向とは逆方向で、私は四十年間にわたって謙虚に地道に実践してきた幼児教育者たちと乳幼児期からの育ちを一貫して見てきた保護者の声を拾い上げ、事実を世に語り、控えめに脳科学者にその検証を問いたいと思いました。

本当に長い期間にわたったたくさんの方々のご協力のおかげで本書ができました。四十年前モンテッソーリ教育を手探りで始めた頃からの友人たちが、教え子たちやその保護者に手紙をだして、その後の生き方をたずねてくださいました。その先生方は教え子や保護者たちと深い信頼関係で結ばれておられたので、卒園して何年も経っている方々から返答を受け取り、私に届けてくださいました。そのような現場の先生方の誠実な生き方のおかげで、本書に取り上げたような貴重な証言をいただくことができたのです。

特に、中尾昌子先生、シスター米島幸子先生、前田瑞枝先生、小川浅子先生からいただいた報告は、本文の中にたくさん使わせていただきました。最初の調査から十年近くの歳月が流れてしまったために、本書に掲載するための了解をいただく術がない方もあり、気になるのですが、ここでお許しを願います。

「はじめに」に書いたように、調査を始めたのは二〇〇一年度でした。戻ってきた膨大な報告を全てパソコンでリライトし、データとして使えるようにしてくださった中村勇さまには感謝してもしきれません。中村さまのご協力がなかったら、本書をまとめる作業にまで漕ぎ着けることはできなかったでしょう。リライトされた膨大なデータには珠玉のような素晴らしい報告がたくさんあり、その百分の一もここに使うことはできなかったことが心苦しいです。

私の願いを快く受け入れて、心をこめて貴重な報告を書いてくださった方々に心から感謝申し上げるとともに、その玉稿を本書に使えなかったことをお詫びいたします。

今回も河出書房新社の編集者、東條律子さんには大変お世話になりました。モンテッソーリ教育を受けた子どもたちの追跡調査は、時代に応じて様々に方法を変えてなされてきたので、私も学問的に世に評価され得るスタイルで書きたいと最初は考えました。しかし、東條さんと何回も話し合ううちに、まずは、お母様方にモンテッソーリ教育の良さをわかっていただけるように書きたい、次にモンテッソーリ教育が良いとわかっても、モンテッソーリ教育をやっているところが近くにないという悩みをもつお母様方にもお役に立てていただけるようなものを書こうと思うようになりました。

前半では、「モンテッソーリ教育、バンザイ！」的なところがあり、うんざりされる方もあるかもしれませんが、後半は、モンテッソーリ教育を知らない方でも利用できるものであり、「モンテッソーリ教育の一般化」の恩恵に浴する道でもあるかと思います。

モンテッソーリは教育史上、前例のない貴重な発見と貢献をしたにもかかわらず、「モンテッソーリ・メソッド」という一つの方法だと敬遠され、その真価が見逃されがちです。しかし、もともと「科学的教育法」という別名から出発したモンテッソーリ教育は、科学の進展に応じて、その有効性が明らかにされてきています。

いっぽう、この教育を受けた人たちのその後の生き方が、進展した脳科学の知識や技術を借りて真価を証す時代になったように思います。変化が刻々と激しくなっていく現代に生きる子どもたちが、時代の変化に流されない自然の法則・生命の法則に基づくモンテッソーリ教育から恩恵を受けることを願ってやみません。

相良敦子

二〇〇九年　九月

増補新版にあたって

モンテッソーリ教育が世界の脚光を浴びた一九〇七年から一九四〇年代の後、しばらくの沈滞期を経て一九六〇年代にモンテッソーリ教育リバイバルが世界的に起こりました。コンピューター時代に入った時期だったので、モンテッソーリ教育を受けた子どもたちのその後の能力などをコンピューターを駆使して様々な側面で調査し、それは、量的な多さが客観性を証明するかのような調査方法でした。

シンシナティ大学が一九六五年から九年間にわたって調査研究をしたのは有名です。最近では、ヴァージニア大学心理学教授A・S・リラードの研究が注目されました。モンテッソーリ教育の成果の追跡調査方法は、時代によって研究方法が変遷しており、注目する面も変化してきています。

追跡調査と言うと、どうしても「何を基準にしているか」「その調査結果は客観的と言えるか」など、難しいことが問われます。そんな問いにさらされるので、「幼児期のモンテッソーリ教育の成果」などと堂々と語ることは躊躇《ちゆうちよ》してしまいます。ところが、日本でモンテッソーリ教育がリバイバルして二十年を経たころから、「モンテッソーリ教育を受けたおかげで、うちの子どもは……」と感謝や驚きをもって語るお母さん方や「うちの卒園生たちは、小学校に行ってこんな評価を受けている」と語る幼児教育機関の先生たちが沢山現れてきました。

本書は、そのような保護者の言葉や先生方の話に興味をもった私が、日本各地でそれらを具体的に伺ったり、書いていただいたものを集めて整理したものです。

本書の初版は二〇〇九年ですが、一九九〇年代の終わり頃から集めたデータを紹介しています。

本書に登場する子どもたちは一九九〇〜二〇〇〇年頃に、小・中・高校・大学生だったのですが、その子たちは今は、仕事をする社会人、子育てをする母親となり、わが子について語って下さったお母さん方は孫の面倒を見るおばあちゃんになっています。そして今や、本書に書いたモンテッソーリ教育を受けた子どもの特徴が、モンテッソーリ教育の当然の結果のように語られている場面に出会います。

さらに、子どもが就職して働き始めたとき、自分と同じ社会人となった娘の仕事の仕方、例えば、段取りの良さや、仕事に入る角度などに感心して、それが幼児期にモンテッソーリ教育を受けた結果なのだと気づく父親、娘や息子が結婚相手を選ぶときの姿勢に、改めて幼児期に「自分で選ぶ」ことを身に着けたことの重要な意味を知る母親など、本書を書いた時には未だなかった報告が頻繁に聞かれるようになっています。

モンテッソーリ教育実践園の先生たちは、卒園生たちが、小学校四年生頃から急に頭角を現わすことを頻繁に語りましたが、最近は、大きな障害を見事に乗り越えて立派に生きている姿、就職して上司から評価される職場での態度などに感心する話題が増えてきました。

追跡調査の方法や客観性を厳しく問われると、学問的にキチンと答えることが出来ない私ですが、モンテッソーリ教育の成果の事実は進化しているのです。

本書は、幼児期の経験の何がその特徴となるのかを、脳科学の知見を借りて解釈しました。本書に書いたことは素人の解釈に過ぎませんが、この程度の脳科学的知見でしたら、誰もが共有できる時代です。スマホで一定方向に指を動かすことしかしなくても簡単に情報が手に入る昨今、本書の脳科学的解釈は素人にも納得できるものです。誰にでも出来る、そして誰にでも納得できる教育書だと思います。

二〇一六年　八月

相良敦子

相良敦子

（さがら　あつこ）

九州大学大学院教育学研究科博士課程修了。滋賀大学教育学部教授（2003年3月退官）、清泉女学院大学教授、エリザベト音楽大学教授を経て2015年度まで長崎純心大学大学院教授。日本モンテッソーリ協会（学会）常任理事。東京国際モンテッソーリ教師養成センター、九州幼児教育センターモンテッソーリ教師養成コース、小百合学園モンテッソーリ教師養成コース、長崎純心大学純心モンテッソーリ教師養成コースなどの講師として講義を担当。1960年代、フランスで、モンテッソーリ教育を原理とした手法、Enseignement Personnalisé et Communautaire を学ぶ。
著書に、『モンテッソーリ教育の理論概説』、『ママ、ひとりでするのを手伝ってね！』、『お母さんの「敏感期」』、『幼児期には２度チャンスがある』、『お母さんの「発見」』、『増補新版　親子が輝くモンテッソーリのメッセージ』、共著に『モンテッソーリからモンテッソーリを超えて』、『子どもは動きながら学ぶ』、監修に『ひとりで、できた！』などがある。

増補新版
モンテッソーリ教育を受けた子どもたち
幼児の経験と脳

二〇〇九年一二月三〇日初版発行
二〇一六年　九　月二〇日増補新版初版印刷
二〇一六年　九　月三〇日増補新版初版発行

著　者――相良敦子
発行者――小野寺優
発行所――株式会社河出書房新社
東京都渋谷区千駄ヶ谷二-三二-二
電　話――〇三-三四〇四-一二〇一〔営業〕
〇三-三四〇四-八六一一〔編集〕
http://www.kawade.co.jp/

印　刷――株式会社亨有堂印刷所
製　本――小泉製本株式会社

ISBN978-4-309-24774-8
Printed in Japan

◆河出書房新社の本

増補新版
親子が輝くモンテッソーリのメッセージ
——子育ち・子育てのカギ

相良敦子

0歳から6歳まで、幼児教育のモンテッソーリによる教えに、今もっとも必要とされる子育てのヒントがあります。「家庭で何を教えたらいいの？」と迷うパパ、ママへ、モンテッソーリ幼稚園に行かなくても家庭でできる21の子育てメッセージ。

親子で楽しむ！
おむつなし育児
0歳からできるナチュラル・トイレトレーニング

ローリー・ブーケ
望月美和　訳

どうせ面倒な「おむつはずし」、いますぐ始めてみませんか？　この方法なら、始めるのが早いほど卒業も早く、赤ちゃんはいつも快適で、ニコニコご機嫌、しかも、驚くほどエコで経済的です。親と子と地球にやさしい画期的な育児法！